U0087888

南非史

South Africa

彩虹之國

嚴震生──審訂
廖顯謨──著

三民書局

國家圖書館出版品預行編目資料

南非史：彩虹之國 / 廖顯謨著；嚴震生審訂.－－初版
一刷.－－臺北市：三民，2019
面；　公分.－－(國別史叢書)

ISBN 978-957-14-6570-8　(平裝)

1. 歷史 2. 南非共和國

768.11　　　　　　　　　　　　　　　108000033

© 南非史
——彩虹之國

著 作 人	廖顯謨
審　　訂	嚴震生
責任編輯	陳振維
美術設計	李唯綸

發 行 人	劉振強
著作財產權人	三民書局股份有限公司
發 行 所	三民書局股份有限公司
	地址　臺北市復興北路386號
	電話　(02)25006600
	郵撥帳號　0009998-5
門 市 部	(復北店)臺北市復興北路386號
	(重南店)臺北市重慶南路一段61號

| 出版日期 | 初版一刷　2019年2月 |
| 編　　號 | S 760040 |

行政院新聞局登記證局版臺業字第○二○○號

有著作權·不准侵害

ISBN　978-957-14-6570-8　(平裝)

http://www.sanmin.com.tw　三民網路書店
※本書如有缺頁、破損或裝訂錯誤，請寄回本公司更換。

自　序

　　這一本《南非史——彩虹之國》的完成，有不少因緣際會，因此要感謝的人很多，尤其是一直以來給予筆者諸多協助的師長與友人。包括筆者就讀東海大學政治系四年級時的啟蒙恩師馮啟人老師，協助筆者獲得南非教育部獎學金與申請學校的李三寶所長，以及在南非求學時，待我如家人的真理大學官生平教授與其家人——石姐、欣穎、宇威等，都令筆者銘感五內。

　　在南非波徹斯頓大學進行研究期間的師長 Pieter J. J. S. Potgieter、Johan F. Kirsten，同學 Bouwe Wiersma, Danie Hattingh, Didi Cornelissen, Fritz Hoogenboezem, Peet Grobler, Anton Heiberg, Philip Vogel 等人，不僅在筆者旅居南非期間時，常與筆者切磋討論，不少同學亦曾邀請筆者到他們家中做客，使筆者得以深入體認南非文化。1999 年筆者再次造訪南非蒐集研究資料時，受到王健志先生家人的照顧與協助，讓我對南非有更進一步的深入瞭解，在此一併致謝。另外，亦感謝在本書撰寫期間，留美財金系同事李見發老師協助精確瞭解相關經濟學的英文資料。

　　最後要感謝恩師政治大學國際關係研究中心嚴震生教授與三民書局，沒有嚴老師的引薦與三民書局的協助，本書絕對無法付梓。

廖顯謨　2019 年 1 月 2 日

於朝陽科技大學管理學院 1036 室

南非史
彩虹之國

目　次　*Contents*

緒　論

　　電影《2012》片尾，人類最終賴以逃難求生的大船，終於找到尚未陷落的非洲大陸而得以登陸，並延續人類命脈。非洲是一個相當古老、完整且地殼相對穩定的陸塊，它沒有颱風，除了北部地中海沿岸外，幾乎沒有地震，而且地底下天然資源最豐富，地球上幾乎所有的礦產種類它都有，地表上野生動物種類多樣又豐富。但外界對非洲大陸的認知，卻是「沙漠、酷熱、落後、戰爭、饑餓」等種種刻板印象。非洲在 1960 年代後，雖然許多殖民地紛紛獨立，然而卻因非洲國家統治者的人為因素，非但無法讓這個大陸富強起來，也讓非洲人失去了自信心，讓這個古老陸塊無法展現它應有的美與自信。

　　非洲不只是一個古老的大陸，更是人類的發源地。1959 年利基夫婦 (Louis Leakey, 1903–1972 and Mary Leakey, 1913–1996) 在東非坦尚尼亞 (Tanzania) 北部的奧杜威峽谷 (Olduvai Gorge) 發現了距今約一百三十至一百八十萬年前，極具原始體型特徵的人類化石，並將之命名為「鮑氏南猿」，也就是現稱為「鮑氏傍人」(Paranthropus boisei) 的人種。1960 年代時，利基夫人和他的兒子也在奧杜威峽谷發現了「巧人」(Homo habilis)，因為他們可以使

用工具，故以巧人稱之，這些化石推測約屬於距今二百萬年前。而古人類學家柏格 (Lee Berger, 1965–) 於 2014 年的新發現，不僅證明非洲是人類的發源地，而且南非很可能就是最早的發源地。南非曾是我國重要的邦交國，也曾是與中共外交廝殺最激烈的戰場，雖然南非在 1998 年與臺灣斷交，但南非仍然是眾多非洲國家中，與我國實質關係最密切、最重要的國家❶。

　　南非在臺灣一般人的印象中，可能只是單純「遙遠」與「黑白隔離」的認知，筆者以前也不例外，直到 1985 年 10 月筆者大學四年級時，時任東海大學政治系主任的馮啟人教授，曾邀請兩位南非大使館的外交人員，在他的「國際政治」課堂上做「南非政治」的專題演講。筆者仍清楚記得那兩位操著濃厚阿非利加語／南非荷語 (Afrikaans) 腔調英語的年輕外交官，在演講中一直為波塔總統 (Pieter Willem Botha, 1916–2006)《1983 年憲法》(*South Africa Constitution of 1983*)、種族隔離制度改革 (Reform of Apartheid) 辯護，此為筆者首次接觸南非政治。另外一個機緣，是筆者就讀東海大學政治學研究所期間，獲得南非教育部研究獎學金，於 1993 年赴該國波徹斯頓大學 (Potchefstroom University for Christian Higher Education) 從事「南非政治轉型」專題研究長

---

❶　2018 年 12 月為止，我國外交部在非洲的駐外單位，除了在史瓦帝尼（Eswatini，舊稱史瓦濟蘭 [Swaziland]）有大使館外，只有奈及利亞與南非這兩個非邦交國設有代表處。2016 年 4 月臺灣人在肯亞因電信詐騙案，被強押至中國前，我駐南非外交人員曾至肯亞企圖營救。

達一學年。筆者考上中國文化大學政治學研究所博士班後，又延續 1993 年在南非的研究，最後完成與南非議題相關的博士論文，同時奠定了筆者認識南非的基礎。

　　一本歷史書籍論述的內容、方式，通常與作者的「史觀」有密切關係，所以史書常被作者的生活經驗與生活環境所形塑。以南非史而言，在 19 世紀英國統治時期，史家常以帝國主義的觀點進行論述，但英國帝國主義發展到達頂點之時，反而激起以荷蘭人後裔為主的阿非利加人 (Afrikaner)，建立起以其自身為中心，且強烈排外的阿非利加民族主義 (Afrikaner Nationalism)。1910 年南非聯邦成立以後，制度化的種族分離運動 (Segregation)，與後來 1948 年以後制定的種族隔離制度 (Apartheid) 影響下，白人政權僅授權或批准白人的教科書、出版品通過，或是具有 19 世紀以來阿非利加民族主義思維的出版商或作者才可以出版書籍。如今這些作品與二次大戰以後豐富、多樣且微妙的史學作品相比，已是相形見絀，尤其自 1994 年後，南非政府開始與學者合作，著手撰寫反映非種族思維，並具有民主政治思想的教科書，以取代過去只強調白人成就、汙名化黑人的舊教科書。

　　由於臺灣長久以來被國際孤立，非洲的邦交國僅剩史瓦帝尼，國人難免對非洲有疏離感，加上南非與我國斷交已經二十年，由於主客觀的因素，國人對南非還是普遍陌生。反觀中國大陸，對於南非的研究兼具質與量，中共甚至在 1992 年尚未與南非建交時，就在南非行政首都普利多利亞 (Pretoria) 設立「南非研究中

心」，1994 年中國社會科學院也在北京成立「南非研究中心」，重點在研究南部非洲十四個國家，多年來他們研究成果豐碩，非臺灣所能望其項背。所以筆者力求寫一本富有「臺灣味」的南非史，以與中共的研究著作相區隔，相信這會較適合國人閱讀。

South Africa

第1篇

多元文化綜合體的南非

第一章 | *Chapter 1*

早期的南非人

第一節　南非的考古發現

1924 年達特博士 (Raymond Dart, 1893–1988) 於現今西北省
（North West，舊稱為川思華省 [Transvaal]）的一個小鎮發現具猿
人形體，且有人類特徵的頭蓋骨化石，這是南非最早發現的遠古
人類。爾後數年間，又陸續在該省數個不同地點發現人類化石，
依出土的骨骸與工具推測，其年代距今約一百五十萬年，可被視
為史前人類曾經生活在南非的證
據。

1998 年 12 月，克萊克博士
(Ronald Clarke, 1944–　) 在史特封
登 (Sterkfontein) 一處山洞的礦井
中，也發現了一具距今大約三百至
三百五十萬年前的完整人類骨骸，

圖 1：南非猿人頭骨

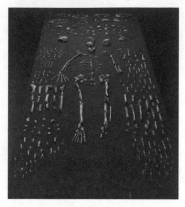

圖 2：納萊蒂人

證明屬於「南非猿人」 (Australopitbecus) 的一支，由此足以推斷，人類的祖先在那個時候已經來到了南部非洲。

2015 年 9 月，南非金山大學 (University of the Witwatersrand) 的古人類學家柏格與其研究團隊，正式公布他們於 2013 至 2014 年間，在距離約翰尼斯堡 (Johnnesburg，以下簡稱「約堡」) 五十公里左右的一個洞穴內，發現了約一千五百塊化石。這些化石合起來可組成十五具不完全的骨骸，具有小頭、長腳的特徵，包括男性與女性，且從嬰兒到老人都有，是非洲最大的單一古人類化石群，被命名為「納萊蒂人」 (Homo naledi)。伯格初步估計納萊蒂人生存的年代距今約三百萬年，且具備了原始人類與現代人種的綜合特徵，是前所未見的新人種。

上述所發現的骨骸，都是非洲史前時代的靈長類化石，而這些化石被學界歸類在「南非猿人」之中。

第二節　歐洲移民到來前的南非族群

根據考古發現，大約在十萬年前，南非境內已有人類定居，至於最早可考的族群是以採集為生的桑人 (San)，以及遊牧維生的科伊人 (Khoi)，他們也常被合稱為科伊桑人 (Khoisan)。他們早在

西元前 10 世紀即已定居南非的西部、西北部地區，再加上後來遷移至南非境內的班圖人，他們都是南非人的祖先，而歐洲人則是 17 世紀才遷徙至南非。

　　桑人與歐洲人接觸後，被歐洲人稱之為「布希曼人」（Bushman，意指在灌木叢中生活的人）。桑人是古代南部非洲原住民最直接的後裔，他們最初與歐洲人接觸時，仍然以傳統的狩獵和採集為生，主要活動在乾旱地帶與山巒之間。桑人的生活形態是以社群 (Band) 為單位，每個社群約有十五到百餘人，包含約三至五個成員組合的小家庭。他們和平地過著遊牧、採集生活，男性外出狩獵、採集以張羅食物，女性在家負責家務與照顧後代。他們的食物來源非常廣泛，肉類從花豹到大象都有，而植物類，則無論是野果或根莖類均備，甚至連蜂蜜與駝鳥蛋都是目標。在住的方面，桑人多棲身於岩洞或住在用小樹、蘆葦或灌木搭建起來的臨時小屋，若是有水源的地方，更是桑人棲息的首選。而整個桑人社群能否永續，端看其社群能否承受當地惡劣環境的挑戰或衝擊，因靠狩獵、採集過活，填飽肚子本非易事，當然談不上累積財富或其它生產工具，所以桑人社群無法建立一個有上下服從關係的統治組織，就連土地所有權的觀念也沒有。

　　遊牧民族──科伊人，來自東非大湖地區（今波札那 Botswana），他們陸續遷徙至東非尚比亞的山谷，然後再南遷到奧倫治河（Orange River，又稱為橘河）與瓦爾河 (Vaal River) 匯流處，再往東抵達今日南非東開普省 (Eastern Cape) 海岸，大約在西元一世紀初向西擴散至整個開普半島 (Cape Peninsula)，再更往西

至薩爾達哈灣 (Saldanha Bay)。而科伊人南下時，接觸到早一步居於南部非洲且以採集為生的桑人，開始與之融合。

科伊人生活在雨量較多的南非西南部地區，有豐富水草可供放牧，因而得以畜養家畜，長期以來他們自稱為「科伊科伊人」(Khoikhoi)，原意為「真正的人」(Real People)，或是「男人中的男人」，以區別那些不畜養家畜，也幾乎沒有財產的桑人。他們的膚色雖與桑人相近，但身材卻比桑人高大，之所以如此，依今日醫學觀點來看，極可能是因科伊人有畜產，可攝取較多的奶、肉類所致。與桑人更大的差異是，科伊人依靠放牧累積畜產，使之成為財富，再將畜產傳給兒子，便成為父系社會，進而建立起上下服從的組織關係，故其社群組織也比桑人為大。

科伊人與桑人本有血緣關係，後經由生活交流或是血統融合等因素——有時科伊人會因尋找走失的家畜，而混入桑人社群——使雙方均混入彼此的社群，再加上這兩個族群的習俗、神話傳說與宗教也非常相似。最特別的是，他們的語言都帶有喀啦聲 (Click)。由於兩者有不少共同的文化，所以加速他們的融合，而成為科伊桑人。後到的荷蘭移民稱科伊桑人為「賀坦特人」(Hottentots，古荷蘭語的原意是「結結巴巴」之意)，是指稱說話有「喀啦聲」之科伊桑人。也使得後來的南非歷史中，桑人、科伊人或科伊桑人均難以區分，甚至可以說是同義。

簡單的說，源自於桑人與科伊人混血，且具有淺棕色皮膚的科伊桑人，已在南非定居超過二千多年，至今仍有一些以狩獵與採集為生的社群，生活在喀拉哈里─劍羚公園 (Kalahan-Gemsbok

圖 3 ： 17 世紀的科伊桑人部落　為畫家塞謬爾 (Samuel Danie,
1775–1881) 所繪。

Park) 的邊緣處。還有極少數的桑人仍然以傳統的生活方式，悠遊
生活在南非史密次得里夫 (Schmidtsdrift) 地區 ， 在波札那、 納米
比亞 (Namibia) 北部 、 安哥拉 (Angola) 南部地區也都可發現他們
的蹤跡 ， 只是人數急速減少中 。 1991 年時 ， 南非在西開普省
(Western Cape) 的卡加卡馬山脈 (Kagga Kamma) 曾進行一項實
驗，讓來自喀拉哈里沙漠的桑人回歸原來狩獵、採集的生活，然
而他們已無法自給自足，而是以其原始的生活方式吸引遊客以賺
取觀光財。

在歐洲人到來之前，第一個造訪科伊桑人的族群，是自東邊
遷徙過來、說班圖語、以混合農業為生的黑色人種，由於他們數
量多，使用鐵器從事農耕，在他們的衝擊下，導致科伊桑人的生
活方式進一步被改變。

第三節　班圖人的到來與族群融合

15 世紀末，歐洲移民「發現」南非時的南非原住民，除了具有黃棕色皮膚的科伊桑人外，還有一批黑色人種——班圖人，他們主要是從南非北方遷徙進來的。約略在西元 3、4 世紀左右，來自非洲中部的班圖移民，就已經渡過南非北部邊境的林波波河 (Limpopo River)，進入德拉肯斯山脈（Drakensberg，又名龍山山脈）東麓與沿海地區。班圖人從事農業兼營畜牧，並已使用鐵器。班圖人定居在南非東部以後，並沒有停止向外擴張。因班圖人種植高粱等農作物與圈養牲畜，形成小村莊而定居下來，後來為了放牧需要，也進行小規模地東遷與南移，開始與外族雜居或是爆發衝突，最後由身材高大且使用鐵器的班圖人順利地征服科伊桑人，這由岩壁畫可以得到證明。

南下擴張的班圖人與科伊桑人交會，雙方衝突、驅逐或兼併等事件時常發生，但武力衝突非唯一的互動模式，在交流過程之中，一些科伊桑人社群因需要而被迫與班圖人互動往來。例如，西南部的科伊桑人從北方的波札那獲得銅器與鐵器，再用這些金屬與班圖人中的科薩人 (Xhosa) 換取大麻與煙草。

索托 (Sotho)、祖魯 (Zulu) 與科薩人是班圖語系族群中，最占優勢的種族，他們外表上比科伊桑人的皮膚更為黝黑，有獨特的文化傳統與信仰。人類學家相信他們是從南非北邊、東邊遷徙進來（但確切的遷徙時間與方式仍未有定論）。但因為他們以農業為

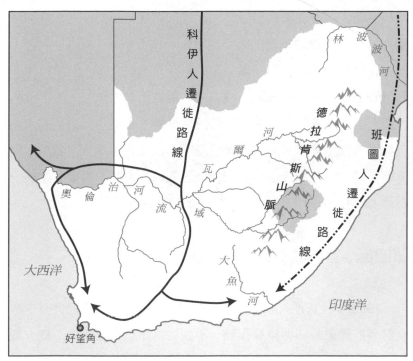

圖4：科伊人、班圖人南遷圖

生，相對於遊牧的科伊桑人，他們的居住形態較為固定，不輕易離開家鄉，所以他們並非短期內的大量遷移，通常只會先由小社群去尋求合適的放牧場所，再一波波地遷居。而他們的遷居活動，為遷入地區帶來新的農業生產技術，也與當地民族融合。例如，科薩族酋長桑迪爾 (Sandile) 的母親就是科伊桑人，因為依科伊桑人的習俗，如果他們與科薩族的酋長國聯姻，其後代要割斷右手小姆指最上面關節，作為皇家後代的證明，證明雙方已因通婚而融合。不過有時情況會相反，並非高大強勢的班圖人就一定能統

治科伊桑人，較弱勢的科伊桑人也能因擔任酋長而反過來統治班圖人。例如東開普地區的大魚河 (Great Fish River) 流域是科薩人的主要聚集地，他們與飼養牛羊的科伊桑人融合後，形成科伊—科薩 (Khoi-Xhosa) 酋長國。換言之，雙方因通婚關係，而形成科伊桑人與科薩人共治、融合的情況。經過多年融合，科伊桑人不僅與黑人難以分辨，他們的膚色基因，也融入了現今南非黑人與有色人種之中。如今占南非四分之三人口的科薩、祖魯與索托—佩迪 (Sotho-Pedi) 等族群，他們的文化較為強勢。

第四節　誰才是真正的南非人

　　1990 年代初期，即使南非政府已開啟民主協商，但仍有少數反對種族隔離政策的極端團體，不斷地喊出「殺死布爾人❶、殺死農夫」(Kill the Boer, kill the farmer) 與「一顆子彈、一個移民」(One bullet one settler) 等口號，造成當時南非社會的緊張與不安，也為民主協商增添可能變數❷。但在黑人心目中，白人即是歐洲移民，既不是南非人更非原住民，那到底誰才是真正的南非人？
　　在種族隔離時代，白人為了統治需要與合理化對土地的所有

---

❶　布爾人主要是指居住在南非境內的荷裔移民的後裔，此稱呼來自於荷語，原意為「農夫」。

❷　「泛非洲人民議會」(Pan-African Congress, PAC) 是極端非洲民族主義者，與自國民黨（當時執政黨）分離出來的「保守黨」(Conservative Party) 對正在進行的民主協商，其態度剛好各居光譜的兩端。

權，政府總是教育南非國民說：「黑人與白人一樣都是移民」，因黑人早先居住在中非大湖地區，而他們遷居南非的時間，正好約與白人登陸好望角 (Cape of Good Hope) 同一時期，直到 1770 年代，部分白人往北遷徙時，才與同時期自中非南遷的黑人相遇。即使在 1990 年代初期，白人政府正準備展開民主協商之時，官方文書《南非側寫》(*South African Profile*) 仍然認為黑人只比歐洲人早幾個世紀以前遷徙至此。這些言論，筆者在南非求學期間，也曾從幾位朋友的聊天中聽聞，足見如此觀點是多麼深入南非白人的心中。

南非民主化且進入 21 世紀後，類似的言論與思維也仍未消除。南非《開普時報》(*Cape Times*) 依據詹姆斯博士 (Wilmot James) 的研究指出，根據 DNA，不論膚色為何、使用何種語言、屬於那一族群，所有的南非人都是移民，沒有種族能明確宣稱自己是真正的南非人。

然而如前所述，經考古證明，黑人早在西元 3 至 4 世紀就已渡過林波波河南遷了，而開普地區早在白人到來之前，就有相當數量的黑人人口，而且歐洲人的文字記載也證明，大魚河以西就已經有不少班圖人社群。如葡萄牙航海家狄亞士 (Bartolomeu Dias, 1450–1500?) 的航海日誌曾提到，當他們船隊在 1497 年沿著東開普海岸航行時，看到陸地上常出現大片火光，因此將東開普稱為「火地」。依此記載推定，這片火光證明當地居民正在進行「火耕」（又稱為「游耕」，先焚燒樹木作為肥料再進行農耕），而這是班圖人特有的農業技術。如此證明，那時的東開普地區已有

黑人定居，絕非與白人同時間遷居南非。而詹姆斯博士的基因說，也欠缺說服力，若照他的理論，世界上只有因紐特人 (Inuit) 才是美國人。除此之外，土地所有權之主張有一個很重要的觀念是「先來後到」，在白人遷居南非西南部地區之前，當地已有科伊桑人定居，就算科伊桑人居無定所、無土地所有權觀念，白人也不能因此強占土地。

筆者於 1993 年赴南非學術研究時，曾在電視上目睹白人、黑人與有色人種進行辯論，當黑人稱白人為移民或歐洲人時，白人總是力辯他們既非移民亦非歐洲人而是南非人。然而在種族隔離時期，白人總是自稱「歐洲人」，而與黑人同胞在社會上享有不同待遇，因此可以理解為何黑人會稱白人為移民。以政治學之觀點而言，統治者通常是政治文化的主要塑造者，但是在民主、多元的社會中，政府更應以事實為基礎，客觀地看待、解釋已存在的各種事實。「南非人」應是一個政治與法律概念，意指是南非這個國家的公民，即便這個國家由許多不同的種族構成，而且各種族內又能再細分為數種分支。當一個國家由不同種族所構成時，種族界線難與國家界線畫上等號，這也是現今國際社會的常態。

南非族群與語言的多樣性

第一節 今日南非的族群多樣性

　　1991 年 11 月，當時的南非總統戴克拉克 (F. W. de Klerk, 1936–) 訪問臺灣，在其離臺前的記者會中，回答記者有關於對臺灣憲政改革的建議時，他自稱非憲政專家，不敢開處方，但強調南非多種族、多語言的特性，必須建立明確制度，以明白規定來有效地保護少數人利益，但這是臺灣所沒有的問題。他的話語簡單地說，就是「南非種族複雜，非臺灣所能想像」，然當時國人關注的重點，大多在於南非與中華民國的邦交是否能繼續維持，戴克拉克強調「南非種族複雜」的議題，絲毫未引起注意，那到底南非的種族有多麼複雜呢？

　　自 1910 年南非聯邦 (Union of South Africa) 成立，到 1994 年民主南非（即南非共和國，Republic of South Africa）建立❶，南非的人口從六百萬遽增至三千八百萬，人口增加也伴隨著種族間

的分歧嚴重化 。 依據南非政府所出版的 《南非年鑑 2013/14》
(*South Africa Year Book 2013/14*)，南非是由相當多樣、廣泛的文
化、語言和宗教信仰所組成，有著五千四百萬人口的大國，黑色
人種是人口大宗，占 79.2%，而白人和有色人種各占約 9%，另外
還有約 2.5% 的印度裔和其它亞裔。到了 2017 年時，南非人口已
突破五千七百萬，約占非洲人口的 6%，其主要民族的構成分述
如下：

一、黑色人種

　　主要分成四大支系，每一支系有它的次民族：
1. 恩古尼 (Nguni) 族，現在的祖魯人、科薩人、史瓦濟人
   (Swazis) 和恩達貝里人 (Ndebele)，都是它的後代。
2. 索托－茲瓦那 (Sotho-Tswana)，是現今茲瓦那 (Tswana)、南北
   索托 (North and South Sotho) 人的祖先。
3. 松加（松加－桑甘）族 (Tsonga or Tsonga-Shangaan)。
4. 分達 (Venda)。

---

❶　1948 年後，南非為阿非利加人掌權且實施種族隔離政策，而後南非聯
　　邦於 1961 年宣布脫離大英國協，頒布新《憲法》，南非共和國正式成
　　立。直到 1991 年廢除種族隔離政策，並於 1994 年開放非白人族群擁
　　有投票權。雖 1994 年後的國名仍為南非共和國，但為區隔起見，本書
　　均以「民主南非」代稱 1994 年後的南非共和國。

二、白人

南非白人最早可追溯至 1652 年，首度登陸好望角的荷蘭移民；17 世紀末，法國清教徒胡格諾 (Huguenot) 教民為了躲避信仰天主教的法國政府迫害，有不少人外移，其中便有部分隨著荷蘭人船隊遷徙至南非開普殖民地。另外在 1820 年時，約有五千名英國人移居到開普殖民地東部。此外從 1848 年起，包括德意志族群，還有猶太人、希臘人和葡萄牙人等，也紛紛遷徙至南非。

三、有色人種

南非的有色人種，是指科伊桑人、荷蘭東印度公司（荷蘭文：Vereenigde OostIndische Compagnie，簡稱 VOC）自東非與亞洲進口的奴隸、或者是白人移民與黑人族群的混血後代。「有色人種」這個稱謂，創造於 19 世紀初，用以區別那些既非土著亦非白人、皮膚呈現暗黃色的人，該詞沿用至今，本身並無輕視之意。而在種族隔離的時代，有色人種對政府較為友善，南非目前的政黨政治版圖中，他們一直與白人站在同一陣線，反對非洲民族議會（Africa National Congress，以下簡稱為 ANC）一黨獨大。

四、印度裔與華人

南非人口結構中的亞洲族群是以印度裔為主，1860 年代，英國人為了在納塔爾種植甘蔗而需要大量勞工，因為英國移民南非政策沒有成功，加上當地黑人從事種植甘蔗工人的工資低，不足

圖5：南非有色人種家庭

以養家活口，寧願在一般農場工作，於是英國人才被迫引進印度勞工。現今的印度裔，主要是這群勞工的後裔，後來也有一些印度貿易商或小生意人移民到南非。

　　在 1860 年至 1866 年之間，英國大約輸入六千名印度工人到納塔爾種植甘蔗，之後曾一度中止引進，復於 1872 年才再重新開放，直到 1911 年完全禁止。這群印度人都是以契約勞工的身分來到南非，一但契約結束，他們大多數選擇永久定居殖民地，因此人數不少，這也是印度裔之所以占南非亞洲族群大多數的主因。而印度人也改變了南非除了黑、白之外的人口結構。1875 年時，南非的印度人約只有一萬人，但是到了 19 世紀末卻突破十萬人，其中有不少是經商有成者。南非印度裔主要集中在納塔爾省，在南非聯邦時期，印度裔同樣也遭受各式各樣的歧視，但是他們仍然能夠成立重要且獨特的文化團體，也成立專門教育印度裔後代的學校。從 1890 年代開始，印度裔逐漸在納塔爾、川斯華省形成

「政治利益團體」❷。不過這些組織主要是為一些成功的印度商人服務，而不是為一般印度勞工的人權而努力。直到甘地 (M. K. Gandhi, 1869–1948) 來到南非後，在他領導下的印度勞工抗爭活動才漸漸受到重視。

除了印度裔外，南非另一重要的亞洲族群為華人。南非於 19 世紀發現黃金與鑽石後，吸引不少華人移民南非，加上 20 世紀初，南非金礦業興盛，但白人勞工成本過高，黑人勞工也紛紛爭取提高工資與改善工作環境，使得南非自中國大陸引進極具韌性，且要求待遇比黑人還要低的華工，同時開啟華人參與南非歷史的一頁。但華工在南非生活極其困苦，大部分存活下來的華工，三年契約期滿後就回國，且不再回來。

1976 年臺灣與南非建交後，開啟了第二波的華人移民南非潮。臺灣與南非建交後，不僅移民人數增加，兩國的經貿關係亦很緊密。根據 1993 年南非《公民報》(*The Citizen*) 報導，1992 年時在南非的臺資工廠估計約有二百八十家。到了 1996 年臺灣與南非斷交前夕，根據經濟部與我國駐南非大使館完成的「1996 年旅斐（南非的簡稱）臺資廠商普查」顯示，當時設於南非的臺資廠商共有六百二十家，總投資金額達十五億美元，年營業總額為二十三億七千多萬美元。1995 年時，臺灣對南非的貿易逆差為一億四千餘萬美元。

---

❷　政治利益團體又稱壓力團體，是指企圖利用政治手段改變政府做出對他們有利，或是阻礙政府做出對他們不利決策的組織。

　　在人口數量上,斷交前的南非臺僑人數最高曾經到達二萬人,但到 2016 年時只剩下約六千至八千人。究其原因,依臺灣駐南非普利多利亞聯絡處轉述僑委會的報告指出,有以下三個因素:(1)臺商及其家眷自黑人執政後,因安全或就業因素,不少人選擇回臺或到中國大陸經商,或者前往歐美國家發展;(2)自 1980 年代起,旅居南非打拼的臺僑,已陸續取得南非國籍,其第二代及第三代都已完全融入南非,對南非認同感遠高於臺灣,甚至有三十餘歲的南非臺僑不太會說、寫中文,沒到過臺灣幾次,也鮮少參與社團或是主動加入南非臺僑團體;(3)另有許多臺僑因治安考量而非常低調。不少在南非創辦企業的臺僑,或許因持有南非護照有利於頻繁進出中國大陸,或者擔心因接觸華人群體易引起宵小盯上,不然就是不習慣臺僑社團的應酬模式(比如喝酒或其它活動),因此他們寧願選擇低調,但這些臺僑每到臺灣護照十年期滿而需要更新時,都會陸陸續續與駐南非代表處連絡❸。

　　相對於臺僑紛紛退出南非,取而代之的,是自 1998 年南非與中共建立正式外交關係後所掀起另一波的華人移民潮。目前南非華僑愈來愈多,初估大約有三十萬人左右。有了印度裔、華人的加入,讓南非族群、語言呈現更多元化。其中語言是文化的表徵,南非的語言政策也與轉型正義息息相關,值得正在追求族群融合、轉型正義的臺灣政府借鏡與思考。

---

❸　筆者於 2016 年 4 月間,詢問我國駐南非普利多利亞聯絡處得知以上訊息。

第二節　從雙語政策到多語主義的理想與現實

一、由雙語到多語政策

　　1910 年南非聯邦成立，並頒布南非的第一部統一《憲法》，為往後語言政策的發展，做了制度上的定位與奠基。1925 年南非聯邦政府正式頒布法令，承認英語以及由荷語演變過來的阿非利加語均是官方語言，象徵著英、荷移民的團結與統一。1961 年南非聯邦脫離大英國協，改組為南非共和國時，也延續南非聯邦的「雙語政策」(bilingual policy)。

　　雙語政策雖然有助於消除英國移民與荷蘭移民自 17 世紀以來（尤其在布爾戰爭之後）的仇恨，但同時也是種族隔離制度的延伸，剝奪了其他族群的文化權利。1994 年民主南非成立後，政府必須面對過去因種族隔離政策對非白人文化造成的壓迫與遺緒，並試圖回復黑人與有色人種的文化尊嚴，進而實踐各族群語言自由與平等的理念。

　　1996 年頒布的《南非憲法》(Act 108 of 1996)，實踐了南非語言多元主義的精神。《南非憲法》第六條明定十一種官方語言，它們分別是北索托語 (Nothern Sotho Language)、南索托語 (Southern Sotho Language)、茲瓦那語 (Tswana Language)、史瓦濟語 (Swati Language)、分達語 (Venda Language)、松加語 (Tsonga Language)、阿非利加語、英語、南恩達貝里語 (Southern Ndebele

Language)、科薩語 (Xhosa Language) 和祖魯語 (Zulu Language)。
所以南非是世界上目前（2018 年）官方語言第二多的國家，僅次
於印度（超過二十種）。

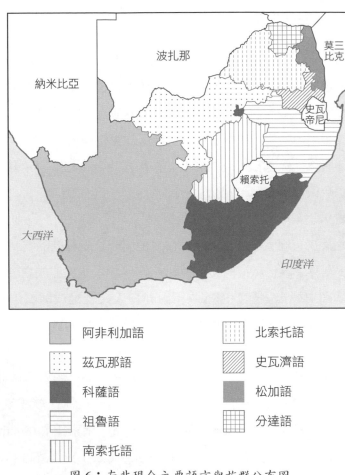

圖 6：南非現今主要語言與族群分布圖

二、南非憲法的特色與其理想和現實

　　依據 1993 年《過渡憲法》(*Interim Constitution*) 規定，國會必須成立「泛南非語言委員會 (Pan South African Language Board)」，以實踐憲法所明訂的多語政策。泛南非語言委員會除了負責推廣所有官方語言外，也要求對非官方語言的科伊、那馬 (Nama) 與桑語，以及手語 (Sign Language)，同樣給予保護或促進它們的發展與使用條件。除此之外，南非所有族群常用的語言，包括德語、希臘語、古吉拉提語 (Gujararati Language)、印度語 (Hindi)、坦米爾語 (Tamil Language)、特勒古語 (Telegu Language)、烏爾都語 (Urdu Language)，還有在境內因宗教而流通的阿拉伯語 (Arabic)、希伯來語 (Hebrew Language)、梵文 (Sanskrit) 等，同在保護與促進發展之列。總之《南非憲法》的語言政策有：平等、憲法保障、專責機構、多語精神等特色。

　　為避免單一語族支配全國官方語言，憲法起草人決定讓南非十一種主要族群語言同列官方語言，並享有平等的地位。畢竟在法律層面而言，「法律上平等」絕對是邁向真平等的第一步，再來才能夠藉由教育的力量，內化至人民的心中成為文化的一部分，如果第一步做不到，那遑論建立一個平等與和諧的社會，因此將各主要語族平等法律的位階都提高到憲法層次，以示慎重。

　　以《南非憲法》來保障各族群語言，以致於南非官方語言多達十一種，是世界各國少有的特色。民主南非語言政策的改變，源自於對抗種族隔離遺緒，以及捍衛人權的堅持。依據南非多語

主義擁護者——前開普敦大學 (University of Cape Town) 教授內維爾‧亞歷山大 (Neville Alexander, 1936–2012) 所言，多語政策的目標乃是消弭種族隔離時代雙語政策的負面影響，輔助多元語族組成的南非人民能相互溝通，同時鼓勵多語主義。南非多語主義有助於語文的多元發展，當十一種官方語言地位完全平等時，才有助於維持南非和平與尊嚴，也避免語言的失傳。

《南非憲法》明確指出，在承認過去雙語政策壓抑本土語言所造成的負面影響之下，國家必須採取實際、正面的措施，以提升各官方語言的地位，並加以推廣使用族群、頻率。並強調：「在考慮習俗、實際可行性、費用、地區的狀況，以及全部或各相關省份中人口的偏好與需求後，中央政府與各省政府可採用任何特別的官方語言以符合統治需要，但中央政府和各省政府至少須採用兩種官方語言」。此外又特別聲明「各級政府必須考慮到語言的習慣及其住民之偏好」、「中央政府及省政府必須以立法或其它措施，來管制、監督官方語言的使用，且在不違反《南非憲法》的規定下，所有官方語言都享有同等的尊重及待遇。」總體而言，《南非憲法》提出建立保護、推廣官方語言的配套措施，以尊重南非境內的所有語言。

《南非憲法》的多語政策兼具理想與現實，重視實際溝通與在地精神。官方語言通常是指公部門使用的語言，《南非憲法》雖明訂南非有十一種官方語言，並不意謂著公務人員要通曉所有官方語言（事實上也難以達成），主要精神是尊重各族群的語言、在地文化與傳統，因此各地方僅須採用兩種官方語言即可。所以《南

非憲法》規定的十一種官方語言，應意指南非境內通行的官方語言總數，而非所有公部門要同時嫻熟使用十一種語言，但這一點常為多語政策反對者所誤解。

　　語言是文化的體現，也是身分認同的象徵。語言政策的制定，可表現對國家的認同，也同時考驗著政治人物。南非的例子告訴我們，因為語言的融合，而進一步邁向「大和解」道路，又因為政治民主，方能使各種母語百花齊放。若在一個國家之內，以法律明文獨尊單一語言，不僅擺明了對其它語言的歧視，可能也違反了憲法保障言論自由的規定。《南非憲法》明訂十一種官方語言，讓其它原先非官方語言的各族群母語，能享有與白人語言同等的地位。但是白人最為常用的英語，其本身具備的工具性與經濟性，卻讓英語在多語政策下一枝獨秀，而其它非英語的官方語言也因此式微。南非政府在意志上，一直想實施正面的政策，但是在政府部門、學校與商業上，實際的語言發展常常又是另一回事。除非南非各個階層均能以各自的語言為榮，或者是人們能因為懂得多種語言，而在工作上或其身分地位上取得顯著的回饋，否則南非不易實現多語主義的理想，這是無庸置疑的現實。但是南非政府從《憲法》保障各語族平等的精神，以及實踐多語政策的努力仍是值得肯定。

南非的生態資源與科技發展

第一節　南非的地理環境

　　南非位於非洲大陸最南端，南回歸線在北端穿越，西濱大西洋，南臨印度洋，西北與納米比亞，北方與波札那、辛巴威 (Zimbabwe)，東北與莫三比克 (Mozambique) 為鄰，在南非境內還有史瓦帝尼、賴索托 (Lesotho) 兩個內陸國。南非面積約一百二十二萬平方公里，約占非洲總面積的 4%，足足是臺灣的三十四倍大。

　　南非的生態豐富多元，令人目不暇給，深入研究時，有如進入一臺時光機器，令人著迷。就地理而言，整個南非土地約有 70% 被古老的岩層所覆蓋，如南非中部的卡魯地區 (Karoo) 是水成岩 (Sedimentary Rock) 構成，南非北方、東北方的岩層亦一樣古老，且因火山岩漿噴發、沉澱而形成豐富的金、白金、鋅、銅、鈷、鎳和鑽石礦層，是世界上礦產最豐富的礦區。稍微往西一點，

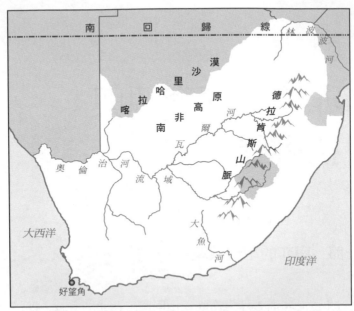

圖7：南非地形圖

它的岩層則較為年輕，故地層較易滲透，所以形成了喀拉哈里的乾燥沙漠地形。簡單地說，南非四方地貌簡單，西北方是沙漠地形，邊緣則抬升為灌木覆蓋的乾燥臺地；南方是礁岩林立的海岸線，東邊是大草原沿著熱帶雨林蜿蜒而下，在東南方則是納塔爾的和緩丘陵，如果再往內陸推進，甚至可見高山上的皚皚白雪。

　　氣候方面，在南非中部的大草原上 (Highveld)，夏季平均氣溫約攝氏二十七度，冬天則會降至零度左右。再往南非東部，最高峰所在的德拉肯斯山脈矗立其間，它攔截印度洋帶來的雨水，讓介於海洋與山脈之間的東南部地區，呈現既潮濕又肥沃的帶狀林地。德拉肯斯山脈以西地區，則是乾燥不毛之地，這地區北部、

南部分別形成喀拉哈里與卡魯沙漠地形，夏季平均氣溫可高達攝氏四十度。不過在南非的西南部，開普半島周圍卻是非常特別的一個地方，因溫暖的阿加拉斯洋流 (Agulhas Current)，與來自東邊冰冷的本吉拉洋流 (Benguela Current) 在開普／好望角外海相會，讓這裡的氣候十分溫和，夏季宜人，秋季涼爽，冬天有雨，是典型的地中海型氣候 (Mediterranean Climate)，適合各種農業的耕種，又適合人居，所以吸引大量歐洲移民。

在山川河流方面，南非有三大河，第一大是奧倫治河，但奧倫治河是歐洲移民取的稱呼，其舊稱則是葛利普河 (Gariep River)。奧倫治河發源於德拉肯斯山脈，由東向西流入大西洋，長達一千三百公里，幾乎貫穿整個南非。瓦爾河是奧倫治河最重要的一條支流，同樣發源於德拉肯斯山脈，在南非中部與奧倫治河匯流；另外一條是流經南非北部的林波波河，它貫穿莫三比克直接注入印度洋。南非雖然有三大河流，但這些河流全無航運之利。另外，位於南非西南方、開普敦附近的桌山 （Table Mountain），因頂部平坦而得名，是南非著名的旅遊景點。

總體而言，數千年來，南非氣候與動植物的環境，深深地影響了人們在這塊土地上的生活模式。它自然景觀呈現多樣性，實難以分類。南非的氣候溫和乾燥，年平均氣溫約攝氏二十度，年平均雨量約四百六十四公釐。又南非是一個地理景觀相當多樣且別緻的國家：它有蒼翠繁茂的灌木叢林，乾燥的沙漠地區，還有廣漠的高山與平原，擁有各式各樣的氣候、地理景觀，地底下也蘊含豐富的自然資源，因此可以視南非為世界地理的總匯，是一

圖 8：開普敦著名的桌山風景

個人一輩子都無法完全探究的地方。再加上南非複雜的種族、膚色、宗教、景色與語言等因素，蘊育出南非同源卻多元的文化景觀。

第二節　礦產資源與科技發展

一、黃金、鑽石與其它天然礦產

　　南非自然資源豐富，礦產種類多且儲量豐，尤其是大量的黃金，使南非又被稱為「黃金之鄉」。從 1880 年代開始淘金至今，南非所生產的黃金約占世界已開採黃金總量的 50%。南非金礦分

布於維特沃特斯蘭德盆地（Witwatersrand Basin，又稱金山盆地），因黃金而興起的約堡，則成為南非最重要的「黃金城」。據估計，約堡地處世界最大黃金礦脈中心，它周圍約二百四十公里的月亮形金礦帶中，分布著數十座礦坑。除黃金外，南非亦是世界上主要的鑽石生產國，南非戴比爾斯公司 (De Beers) 是世界最大的鑽石生產、銷售公司，全球市占率一度達90%。除了黃金、鑽石外，白金、煤礦同被並列為南非四大重要礦產。此外，西北省 (North West) 是南非大理石和氟石的重要產地；普馬蘭加省 (Mpamalanga) 的鉻礦藏量占世界儲量的一半以上；川斯華地區（今林波波省 [Limpopo] 全境）蘊藏世界上 80% 的錳礦；北開普省 (Northern Cape) 有豐富的銅礦、石棉、煤礦、鐵礦、鑽石等。此外還有大量螢石、蛭石、鋯礦、磷酸鹽、煤炭、鐵礦、鉛礦、鈾、銻、鎳礦等資源。

二、科技發展與成就

南非豐富的礦產足供世界所需，而需要為發明之母，故南非擁有從地質勘探、採、選、冶、煉至加工的完善礦業體系，採礦機械、選礦設備、礦井通訊技術、礦產品冶煉和加工技術都居世界先進之列。南非開發出超深開採和礦井微波通訊技術，可開採深度超過四千公尺的礦脈，甚至開發出生物氧化以提取黃金的技術，或是利用「微生物選礦」，正式應用於實際工業生產。

不過，南非雖然礦產豐富，唯獨一項重要的經濟與戰略能源——石油，卻十分缺乏，加上白人政府實施種族隔離政策，石

油進口遭受國際制裁，在現實需求的驅動下，南非也發展出自煤礦提煉出石油的技術。

此外，南非也盛產原子彈的原料──鈾，依據 1993 年的美國雜誌《外交事務》(*Foreign Affairs*) 披露，因南非盛產鈾礦，所以早在二次大戰結束前夕，南非已秘密參與英、美製造原子彈的曼哈頓計畫 (Manhattan Project)。1950 年代末，南非決定自主研發核武，直到 1970 年代，南非鑑於鄰國安哥拉陷入內戰，以及南羅德西亞（Southern Rhodesia，即今日的辛巴威）白人政權遭黑人推翻，讓南非的白人政府感受到國安危機，於是加緊製造原子彈的計畫。1977 年 8 月，美、蘇測得南非北方沙漠地帶有核試爆的

圖 9：南非礦坑　位於金百利 (Kimberly) 的一處廢棄鑽石礦坑，又被稱為「大洞」(Big Hole)。

跡象，引起國際社會的猛烈抨擊。但是蘇聯解體、安哥拉內戰結束，外在威脅不再，原子彈成為「超級多餘的東西」。1991 年南非經綜合評估後，認為核武之負擔遠超過實質利益，故決定簽署《核子非擴散條約》(Nuclear Non-Proliferation Treaty) 並銷毀所有原子彈。1993 年 3 月，總統戴克拉克於國會特別聯席會議上，公開承認南非曾製造原子彈，但因冷戰結束、國際緊張局勢緩和，南非政府已將其全數銷毀。這是世上首次，國家單方放棄核武器的例子（美蘇限武談判是雙方的）。

　　而南非的醫學研究能力也不容忽視，無論基礎研究，還是應用研究，皆常有重大突破。如開普敦醫院於 1964 年，完成世界首例心臟移植手術。而除了愛滋病以外，傳染力極強的瘧疾，是南非最嚴重的傳染病，尤其在辛巴威、莫三比克與史瓦帝尼的邊界附近更為嚴重。南非醫事人員便根據氣候、蚊子種類、藥物使用等參數，編製「瘧疾分布圖」，指明瘧疾高、中、低發病率區，提醒民眾前往「瘧疾高風險區」前，必須服用預防瘧疾感染藥，亦有助於地方政府防治瘧疾。後來，此防治方法也被推廣至整個非洲。

　　民主化後的南非，在雷射、衛星科技亦有傲人成就。南非原子能公司 (Atomic Energy Corporation of South Africa Ltd.) 於 1998 年完成分子雷射同位素分離研究，開始籌建國家級雷射技術研究機構，以提高物理、化學、醫學和材料等領域的基礎和應用研究水準。1999 年 2 月，南非斯坦蘭博斯大學 (Stellenbosch University) 製造的小型試驗衛星 SUNSAT (Stellenbosch

University Satellite) 發射成功，雖僅重六十四公斤，但它是非洲史上第一顆自主研製、發射成功的衛星。此外南部非洲最大的天文望遠鏡——南非大望遠鏡 (Southern African Large Telescope)，於 2005 年 11 月落成並投入使用，它擁有一個直徑十一公尺的主球面鏡，是南半球最大的單一光學望遠鏡。

第三節　豐富的動、植物生態

一、野生動物

　　南非是動、植物豐富的地方，包括河馬、獅子、大象、犀牛、長頸鹿、花豹等等，其中不少是南非的特有種、原生種。肉食性的大型貓科動物在自然保護區內繁榮興旺，而草食性的動物，如大象、白犀牛同樣受到保護，但牠們是大型群居性動物，需要大範圍生活空間，讓牠們悠遊漫步，保護區的空間顯然還是不足，

圖 10：南非野生動物保護區中的黑犀牛

又因盜獵狷獙而瀕臨絕種
危機。黑犀牛也是南非重
要的物種之一，但犀牛角
常被作為中藥材使用，經
過數十年粗暴地獵捕，同
樣面臨絕種的危機。依筆
者在南非農場的親身經

圖 11：南非跳羚

歷，農場周圍常出現各種的野生動物，例如胡狼、野貓、野狗（不
同於臺灣常見的寵物貓、狗，而是體型較大的野生種），最特別的
是土狼 (Hyenas)，牠們愛吃腐肉，身上有班點，還會發出宛如嬰
孩般的叫聲。

　　南非還有大量水牛 (Gnu) 與群居性的大羚羊 (Wildbeest)、疣豬
等，還擁有二十九種的羚羊 （Antelope，一種很像鹿的草食動
物）。跳羚 (Springbok) 是南非的國家象徵，有著極強適應力；還
有角呈螺旋狀的條紋羚 (Kudu)，以及生活在乾燥地區的劍羚
(Gemsbok)，或者是農場隨處可見的黑班羚 (Impala)，桑人宗教信
仰中被神靈保護的小羚羊 (Steenbok) 等等。除此之外，南非還有
三種斑馬、狒狒與兩種猴子，和大約二百種鳥。

　　自 17 世紀以來，在農民與獵人的槍彈下，許多野生動物幾乎
被消滅殆盡。南非也因此建立一座世界知名的野生動物公園——
克魯格國家公園 (Kruger National Park)。公園其名，是紀念 1898
年的川斯華共和國總統保羅‧克魯格 (Paulus Kruger, 1825–
1904)，也是為了保護各式各樣的動植物免於滅絕而建。該公園設

立於 1926 年，占地近二萬平方公里，比半個臺灣還大，是南非目前保護最好、最完善的動物保護區。園內有著名的五大野生動物——大象、獅子、水牛、犀牛與花豹。此外，南非還有約二十座國家公園、數百座自然保護區，野生動植物均受到良好的管理與保護。但是，整個非洲的盜獵行為仍然相當猖獗，南非也不能倖免於難。2018 年光是上半年就有三百多名盜獵者被逮捕，可見得販賣象牙、犀牛角所能獲取的暴利，讓許多人鋌而走險。

二、植　物

近三個世紀以來的發現，讓南非成為世界最大的花卉集散地，已知的植物約有二萬二千種，尚有新品種不斷地被發表，是世界六大植物王國之一。各省也有各自深深引以為傲的植物群，如開普地區便擁有豐富的植物景觀，西開普省擁有約九千種的植物，單是桌山地區，即可發現一千五百種原生種，比英國全國物種還要多。而開普敦西部是著名的葡萄產區，因此也盛產葡萄酒，觀光客造訪開普敦，酒莊絕對是必訪之地。

圖 12：南非國花——帝王花

歐洲移民的到來與英、荷衝突

荷屬開普殖民地的建立

南非南部開普地區的地理位置，正位於歐洲船隻開往亞洲的新航路中繼點，船隻需要停靠補給、休息，因此引來歐洲人的覬覦。尤其在 19 世紀時兩個布爾人國家 —— 川斯華共和國 (Transvaal Republic)、橘自由邦 (Orange Free State) 境內發現鑽石與黃金，使得原本對南非興趣缺缺的英國人，居然一轉態度而大舉入侵，此後礦業革命與政治上的衝突，更是徹徹底底改變了南非的面貌與歷史。

第一節　葡萄牙人開闢新航路

15 世紀的西班牙與葡萄牙，憑藉著進步的航海技術，讓他們海權隨之強盛起來，再加上政府的鼓勵，航海家紛紛出海，挾帶強大武力占領、征服大片「無主之地」，再闢建為海外殖民地。而葡萄牙人在探尋前往印度的新航路時，發現了南非的好望角，南非這一塊寶地，也漸漸地廣為歐洲人所知。非洲最南端的好望角，

是歐洲船隻航向亞洲的中繼站，開普敦著名的桌山景緻，很難令人不去駐足仰望，而這裡就是 15 世紀時，南非原住民與歐洲移民首度相遇的地方。

1487 年，葡萄牙貴族、航海家狄亞士被印度的香料與財富所吸引，率領著兩艘不甚堅實的輕型帆船，繞行至非洲大陸最南端的好望角。他最先發現好望角時，因海象甚差、風浪極大，便將此地命名為「暴風岬」(Cape of Storms)。後來葡萄牙國王約翰二世 (King John II, 1455–1495) 認為，這裡是前往東方的新航路起點，故更名為「好望角」。開拓先鋒狄亞士雖然發現好望角，並為航向印度的航程中找到了一處補給站，但是他並未達成前往印度的終極目標，首位成功航行到印度的航海家為達伽瑪 (Vasco da Gama, 1460 or 1469–1524)，他於 1498 年開闢一條經由好望角抵達印度馬拉巴海岸 (Malabar Coast) 的新航路。

達伽瑪發現新航路後百餘年，英、荷、法甚至是北歐國家，也紛紛加入新航路的競爭行列，但好望角南方海域相當危險，所以船隻大多在補充所需物品後，即迅速沿著海岸繞行，鮮少長期停靠下來。雖然船隻會停泊於桌灣港口補充淡水，並與科伊科伊人交易、換取肉品，但並無任何國家的船員有永久定居的意願。曾有英國船長於 1620 年建議英國政府建立殖民地，但一直未受重視。直到 1647 年時，荷蘭東印度公司從一位船員口中聽到了「移民定居好望角」的建議，荷蘭東印度公司考量航海安全後，反應與過去大有不同，萌生進一步建立永久據點的打算，終於決定在好望角的桌灣闢建港口。

第二節　荷蘭人入主開普地區

　　1652 年 4 月 6 日，年僅三十一歲的郝利皮克 (Jan van Riebeeck, 1619–1677) 率領三艘船、總人數不到百人的船隊登陸桌灣，並以「荷蘭東印度公司」的名義，冉冉升起荷蘭國旗於南非這塊土地上，正式設立永久貿易站。荷蘭人原本只計畫建立一個單純的貿易站，但是因為 17 世紀下半葉，荷蘭在亞洲進一步殖民擴張，加上往來歐亞的船隻大增，僅仰賴與科伊桑人貿易，難以

圖 13 ：郝利皮克登陸好望角圖　為南非畫家貝爾 (Davidson Bell, 1813–1882) 所繪，中立者即是郝利皮克，右方是科伊桑人。

負荷如此龐大的補給品需求（尤其是肉品的需求）。加上科伊桑人生產力有限，並非終年樂於與荷蘭人貿易，在在讓雙方的貿易供需量嚴重失衡。為了方便船隻迅速獲得補給，荷蘭人很快地就開始利用優異的火器，積極強占原住民土地、實行殖民活動。荷蘭東印度公司原本是打算「求人不如求己」，招來一批職員在開普半島試辦農場生產新鮮蔬果並釀酒，因為對水手而言，蔬果是對抗壞血病的必需品；酒則能在長途海上旅行時提振人心。然而就算自己生產，物資的產量仍無法滿足需求，且經濟效益不大，在如此情況下，荷蘭人不得不轉變原先僅在沿海貿易之構想，讓公司內的前雇員，成為獨立的中產階級自由人 (Free Burgher)，讓他們朝內陸推進、殖民開墾，自行生產與進行買賣。

當時荷蘭人取得土地的手段，主要有三種方式：⑴征服，即強力奪取；⑵割讓，包括「自願性的」與「強迫性的」割讓，主要透過協議或者條約的方式取得；⑶「無主土地」的占有，此為最理想的手段。所謂的「無主土地」是指未經開墾種植的土地，雖部分土地已為原住民墾植，且形成定居社群，但從荷蘭人殖民者的角度看來，這些土地上並未形成定居的社會組織，故科伊桑人與土地之間的關係，無法認定為《國際法》的合理占有關係，該土地仍然是無主土地。因此依「誰先發現，誰先占有」之「先占原則」(Terra Nullius)，土地必須對所有移民者開放。

從另外一角度來看，要從事生產就必須先有土地，雖然科伊桑人在歐洲人到來之前，已在該地居住數千年，可是在遊牧生活的觀念下，牲畜才是他們重視的財產，而沒有嚴謹的土地所有權

觀念。不過，他們還是有狩獵、採集的傳統領域思想，當歐洲人向內陸擴張，且性質迥異於先前在沿岸從事的過客式互利貿易，絕對會對當地人造成衝擊。因歐洲人向內陸的排他性圈地擴張，等同限縮科伊桑人的傳統領域範圍，繼而產生傳統領域將被奪走的威脅感，雙方衝突將勢所難免。

第三節　歐洲移民與當地原住民的衝突

郝利皮克初到時，曾允許水手在貿易站附近屯墾或放牧，然而科伊桑人認為此舉無異是搶奪他們平常放牧的土地，科伊桑人因此突襲、掠奪荷蘭人的牧群牲口，接續是無法避免的暴力衝突。但擁有先進武器的荷蘭人，總是能輕易擊敗科伊桑人，所以在郝利皮克的經營下，荷蘭人在 1659 年時，就占有約為今日開普敦面積的土地。而除了荷蘭人之外，還不斷有來自德意志、法國地區的移民來到開普地區。到了 1780 年時，開普地區已有歐洲移民約一萬人，他們主要從事牧牛，且以扇形的方式從開普地區向外拓墾。這批牧場主不僅奴役科伊桑人，還仰賴荷蘭東印度公司所引進的遠東勞力，無形增加了白人的優越感。他們對待科伊桑人有如動物，不僅將入侵牧場的成年科伊桑人殺死，甚至逼迫科伊桑幼童在牧場工作。

歐洲人的移入，也將致命的傳染病天花傳入非洲。隨著歐洲人的拓墾，使天花疫情迅速蔓延。科伊桑人缺乏對天花的抗體，故爆發天花大流行，奪走 90% 的科伊桑人性命，幾同慘遭滅絕。

在武力與疾病的雙重壓力下，科伊桑人根本失去與白人抗衡的力量，尚存的科伊桑人，有的北逃與其它族群融合，有的向東逃亡與科薩族融合，而留在開普地區的科伊桑人只好成為白人的奴僕。

開普地區原住民與歐洲白人互動的結果，很明顯是原住民輸了，土地被掠奪，僥倖保住生命卻淪為白人的奴僕，傳統經濟型態也徹底消失，甚至連語言也消失殆盡。

歐洲移民定居開普地區的早些年裡，由於男性遠多於女性，故經常與當地科伊桑女性發生關係，如此便導致黑、白混血兒——有色人種的誕生。有色人種最先被稱為「開普有色人」(Cape Coloured)，他們的角色往往陷入兩難，他們雖有白人的血統，並且使用共同語言，還有共同的故鄉（指的是開普地區的家園），但他們很少公開承認與白人有共同的祖先。然而有色人種仍會參與地方政治，再加上共同語言的連結，所以當地的歐洲民族主義者，仍會稱具有知識的有色人種為「棕色皮膚的阿非利加人」，認為他們具有一定程度的西方文明水準，較有資格與白人密切交往。但總體而言，開普地區的白人多半有強烈的種族主義，對有色人種以及黑人，都是極度不尊重。

較晚來到開普半島的歐洲移民，首先遭遇的「非白人族群」，除了科伊桑人外就是黑、白混血的有色人種，白人不僅歧視有色人種，還隨著一波波殖民拓墾，再與黑人發生了衝突。在 1770 年代，這群歐洲農民帶著槍、騎著馬，已經東拓到土壤佳、雨量豐的艾瓜灣 (Algoa Bay)，以及格拉夫－里內特 (Graaff-Reinet) 地區，使其成為開普殖民地的新東界（約為今日東開普省西半部區域）。

然而這群歐洲農民往後跨越新東界拓墾，卻無法如入無人之境，因為他們遭遇到向西尋找放牧土地、身體狀況良好的科薩族黑人，雙方為了爭奪良好牧場，黑、白即在 1779 年首度爆發戰爭。

　　戰爭起因於歐洲農民渡過大魚河奪取科薩人的牛隻，並殺害一名科薩族牧人，科薩人立即反擊，擴大為全面性戰爭。歐洲農民藉著較為強大的火器，在白天掃蕩草原，科薩人則利用瞭解地形的優勢，於夜間突襲歐洲人的農場。科薩人遇到了比科伊桑人武器更好、人數更多且更強悍的白人農民；但是，科薩人不同於科伊桑人，普遍來說較為強壯，也因此不易死於白人「進口」的傳染病，更何況當時的科薩人已是人口數最多的種族，並不容易被徹底打敗，雙方其實是勢均力敵。

第五章 | *Chapter 5*

英國勢力的來臨

第一節　英國首度占領開普殖民地 (1795–1803)

一、英國勢力進入南非前的局勢

　　荷屬開普殖民地與歐洲相距有數千公里，但是歐洲一著涼，連非洲也跟著打噴嚏。英、法、荷等國在 18 世紀的所有政治、經濟與社會革命，也深深地影響到遠在南非的荷屬開普殖民地。

　　在啟蒙思想 (Enlightenment Ideas) 中人人平等、平權觀念的發揚下，促成廢除奴隸制度的原動力，深遠地影響整個歐洲的社會關係，也激發了後來 1789 年的法國大革命。在英國，啟蒙思想則產生出人道主義與博愛精神，英國人不僅反對奴隸制度，同時也開始傳送福音。在 18 世紀末，歐洲教會協會 (European Mission Society) 開始在開普殖民地設立據點，1792 年第一個新教教會在開普敦成立，不久之後，來自英國、法國、德國與荷蘭的新、舊

教會神職人員也陸續到南非傳教。除了人們思維的改變外，18 世紀的一些新經濟理論，例如亞當斯密 (Adam Smith) 的《國富論》(*The Wealth of Nations*)，也對歐洲的經濟經營、生產模式造成深遠影響，工業革命與新經濟思維讓英國在 19 世紀成為超級強權，鄰近的法國、荷蘭也緊追在後。在政治方面，同為歐洲大國的英、法兩國，過去二百年以來相互征戰不已，1793 年法國大革命時期處決法王路易十六 (Louis XVI, 1754–1793) 後的兩週，傳統君主政體的歐洲列國向法國革命政府宣戰，歐洲處處燃起戰火。1795 年，法國革命軍推翻荷蘭王國，建立親法國的「巴達維亞共和國」(Batavian Republic)，而荷蘭東印度公司不堪戰亂虧損，於 1799 年宣布解散，於是新共和國政府也順理成章地接管開普殖民地。

二、荷屬開普殖民地的動盪

權力是相對的，荷屬開普殖民地之所以失敗，不外乎荷蘭東印度公司的衰敗，而衰敗的原因，其一是內部的管理不彰與貪汙腐化，其二是荷蘭農民本身對統治當局不滿而屢發反叛。

荷蘭是繼西、葡之後的海上強權，於 17 世紀初設立荷蘭東印度公司，隨後在擴張殖民地的政策上積極表現，於 1619 年取代葡萄牙人成為東印度群島（今印尼）的主人。到了 17 世紀中葉，該公司已擁有約一萬五千艘的大、小船艦，其海上勢力約占當時全歐的四分之三，那時已具備足以與其它海權國家對抗的力量。可是到了 19 世紀末時，荷蘭雖然比英國更早登陸、殖民南非，但對荷屬開普殖民地人民而言，他們一方面受到公司的規定制約而有

所不滿，一方面又得冒著生命危險，不斷地與黑人爭奪土地。因此殖民地人民企圖尋求開普殖民官 (Cape Landdrost) 支援開拓者，或是保護城市居民，但均未能如願。殖民官對殖民地徵收租金，同時為避免與黑人爆發衝突，而嚴加干涉、禁止他們向外擴張的腳步，導致殖民地開拓者與公司日漸失和。

最終，荷蘭東印度公司不堪黑、白之間屢發衝突，直接斷絕對殖民地人民的經濟援助，殖民地爆發反抗，以驅逐殖民地官員作為反制，甚至發布聲明否認荷蘭東印度公司的管轄權，再自行任命地方官。上述種種原因，使得荷蘭東印度公司對開普殖民地的統治極其薄弱，當英國逐漸掌握遠東貿易時，位於中繼點的開普殖民地，自然也開始為英國所覬覦。

三、英國首度占領開普殖民地

1795 年，英國首度占領開普殖民地，但對英國而言，開普殖民地顯得微不足道，它不僅遠在非洲最南端，也只是一個大約擁有六萬人口（包括二萬五千名奴隸、二萬名歐洲移民、一萬五千名科伊桑人，以及約一千名黑人自由民）的彈丸之地。又就商業利益而言，開普殖民地沒有盛產礦產，難以吸引外資，加上該地降雨量不足、缺乏天然良港，河川又不具備航運功能，僅靠原始農業方式生存，且缺乏廉價勞工，換言之，開普殖民地缺乏龐大外銷潛能，使英國對南非的經濟投資風險相對提高。而且地理上孤立，即便以最先進的航海技術與船隻，從英國航行至開普殖民地亦須三個月航程。

　　因此純就商務觀點，開普殖民地對英國實在沒有太大的吸引力，不過英國汲汲營營經營印度，所以地處航行至遠東中繼點的開普殖民地，也成為英國必須加以控制的地區。當時法國大革命後整個歐洲陷入戰亂，使得英國意識到，如果法國占領開普殖民地，將威脅到英國在遠東貿易的安全與利益，加上荷屬開普殖民地陷入政治動盪，為了避免法國捷足先登，於是英國不得不去爭奪這塊非洲地盤，英國也就在 1795 年，「勉強」地派遣遠征軍進入南非。

　　1795 年 9 月 1 日，九艘英國皇家海軍戰艦出現在荷屬開普殖民地，依靠著雙邊九門火砲砲擊，重創為數不多的荷屬開普殖民地駐軍 ， 半個月後 ， 荷屬開普殖民地長官史路伊肯 (Abraham Sluysken, 1736–1799) 向英國遠征軍投降，正式終結荷蘭東印度公司在開普殖民地近一百五十年的統治。

第二節　英國正式經營南非

　　1789 年的法國大革命，最先改變英、法、荷的三角關係，也影響了遠在非洲最南端的開普殖民地。推翻君主專制的法國第一共和政府，於 1795 年征服與英國關係良好的荷蘭，並建立傀儡政權——巴達維亞共和國。 1802 年 ，拿破崙 (Napoleon Bonaparte, 1769–1821) 擊敗反法勢力 ， 英國被迫與法國簽訂 《亞眠條約》 (*Treaty of Amiens*)，為歐洲帶來暫時的和平，該條約也規定英國得將開普殖民地歸還巴達維亞共和國 。 共和國派遣戴密斯特 (J. A.

de Mist, 1749–1823) 和楊森 (J. W. Janssens, 1762–1838) 治理開普殖民地，兩人富有知識且工作勤奮，他們意圖改革開普殖民地當局，並改善當地的社會風氣，但是短暫的三年治理，自然沒有太顯著的政績。1804 年，拿破崙稱帝，廢棄《亞眠條約》，派遣法軍占領荷蘭，先成立傀儡政權荷蘭王國，再於四年後併入法蘭西第一帝國 (First French Empire)。

與此同時，法國大革命後恐怖統治的盛行，反強化了英國統治階層的保守勢力，使統治者較難去理解、同情國內或海外殖民地人民的聲音。拿破崙戰爭 (Napoleonic Wars, 1803–1815) 期間，美洲殖民地紛紛獨立，使英國對於擴張美洲殖民地的態度不如過往積極，因而更重視在遠東的利益。1806 年英國人再度占領開普殖民地，而理由還是欲保護英國通往遠東的航路，也計畫在開普殖民地建立海軍基地，強化開普殖民地的重要性。然而開普殖民地的內陸卻是貧瘠土地，無法吸引太多的英國移民，英政府也認為開普殖民地不值得進一步開發或擴張，加上拿破崙戰爭期間英國開支過大，英國為了節省開支，逐年減少開普駐軍，由當地英國人自行承擔防衛殖民地的責任。因此，英國雖再度占領開普殖民地，但統治方針卻如同暫時性占領。直到 1820 年代晚期，才開始積極治理開普殖民地。

隨著英國移民遷入開普殖民地，歐洲當時風行的人權觀念，也紛紛傳進南非，英人也開始給予有色人種較為公平的待遇。但這些新政策，卻傷害到了荷蘭移民者的既得利益，引發他們的高度不滿。而這故事的起源，要再回到 1795 年英國初次占領開普殖

民地時說起。

　　1795 年 9 月，英國人初次占領開普殖民地，雖然時間短暫，但卻帶來一些改變。英國殖民當局雖維持奴隸制度，但保證宗教信仰自由，同意讓當地人繼續使用荷語，也保留荷蘭統治時期的法律制度。不過英國人為了公平競爭，廢除荷屬東印度公司施行已久且引發民怨的壟斷貿易，以及取消部分城鎮自治居民（指荷蘭移民及其後裔）的特權。而英國人亦同樣關心殖民地東界與科薩人的紛爭，因邊界騷亂易對開普殖民地肉品市場造成動盪。

　　不過在英國再度占領開普殖民地的前兩個月，格拉夫－里內特地區的荷蘭移民不滿殖民當局禁止他們向東擴張，於是宣布獨立，並持續進行擴張，而鄰近的史威蘭登 (Swellendam) 居民也想有樣學樣。當英國再度統治開普殖民地後，這批荷蘭移民便要求英軍提供火力支援，幫助他們和科薩人之間為了土地而進行的作戰，但克雷格 (J. H. Craig, 1748–1812) 將軍斷然拒絕，同時計畫以切斷一切補給為手段，來弭平跨越兩個殖民當局的叛變，此舉讓荷蘭移民更加不滿，埋下後來發動「大遷徙 (Great Treck)」的遠因。

第六章 | *Chapter 6*

布爾人大遷徙

第一節 布爾人發動大遷徙的近因

　　英國控制開普殖民地後的二十多年歲月中，因英國嶄新的人權觀念，頒布諸多維護人權的新法令，如廢除奴隸制度、新稅制、傳教、司法制度，改善科伊桑人、有色人種地位，甚至頒布承認科伊桑、有色人種土地所有權的《第 50 號法令》(*Ordinance No. 50*)，這些措施嚴重影響了原荷屬開普殖民地居民的既有利益，使他們無法忍受英國統治。再加上英國統治當局刻意區別講英語的新英國移民，讓講荷蘭語的舊殖民地人民逐漸凝聚出「布爾人」的民族意識。

一、廢除奴隸制度

　　葡萄牙著名的 「航海家亨利王子」 (Prince Henry the Navigator, 1394–1460) 探險船隊，於 1435 年出發探險時，在撒哈

圖 14：大西洋奴隸貿易　圖中可見白人在黑人的背上
刺上記號。

拉沙漠以南的非洲（黑色非洲）發現人類、駱駝足跡，亨利下令
「抓幾個土著回來」，首度在 1441 年擄獲黑人，其中兩名在繳納
巨額贖金後被放回家，另外十名則被運回歐洲以高價賣出，這是
黑奴貿易的開端。

　　英國雖是歐洲最早禁止奴隸買賣的國家，但之前卻是從非洲
輸出最多奴隸的歐洲國家。由於黑奴貿易有龐大利潤，成為海權
國家樂於從事的事業。英國於 1704 年占領直布羅陀 (Gibraltar)，
從西班牙手中奪得非洲黑奴專賣權，到了 1713 年時，因北美拓墾
需要勞動力，所以英國每年約自非洲輸出二萬名黑奴。隨後的三
十年間，黑奴買賣也都被英國壟斷。在 18 世紀之前，從西非橫渡
大西洋的俘虜，有半數是由英國船隻搭載的，然而到了 1807 年，
英國卻成為歐洲第一個禁止奴隸貿易的國家。

　　然而廢奴的政策方向卻危及極度需求勞力且長期依賴奴隸的布爾人農場主利益，使布爾人對英國當局非常不滿。此外，英國人又解除了開普殖民地科伊桑人的枷鎖，布爾人農場主為了嚴格控制科伊桑人，強迫他們無論老幼都要攜帶「賀坦都人印記」(Hottentot Codes) 的通行證，才能繼續在布爾人的農場工作，被視為歧視的象徵。英國傳教士菲利普 (John Philip, 1775–1851) 強烈抨擊此作法危害人權，讓英國人更加堅定其廢奴的態度，於 1828 年終於廢止「賀坦都人印記」。1833 年，英國頒布《廢奴法案》(Slavery Abolition Act)，使開普地區實施近二百年的奴隸制度，終於被廢止，獲得人身自由的奴隸，包括了科伊桑人、有色人種。

　　布爾人多為農場主，需要土地與人力，然而英國統治政策不僅禁止布爾人無限制占領、擴張土地，更頒布廢奴法令，使布爾人農場主喪失重要的勞動力來源，在經濟層面上蒙受其苦。另外在主觀的心理層面，來自歐洲的布爾人，不能容忍黑色人種與基督徒處於平等地位，他們認為這不僅違背上帝律法，也有違種族、宗教的自然區隔原則。但英國人的宗教觀念卻與布爾人不同，尤其開普殖民地的英國教會屢次發動人道協助活動，直接牴觸了布爾人的利益。

二、英國教會的人道活動

　　英國首度占領開普殖民地時，除了統治權易主外，另一個對南非歷史有重大影響的事蹟，就是英國人開始在南非積極傳教。英國人到來後，統治當局取消大多數原荷蘭移民信仰的喀爾文教

派 (Calvinism) 為 「殖民地國教」 的地位，促成殖民地宗教自由化，又使布爾人深深不滿。1795 年，南非成立第一個英國教會，1799 年第一次聚會時，教會決定積極往開普東境進行傳教，如 1816 年時，就有二十名傳教士前往開普邊區，甚至深入殖民地以外的地區，與當地原住民生活在一起，或是跨過了奧倫治河以北、沿著東海岸進入科薩人部落。

有別於布爾人不向原住民傳教，英國教會則將傳教目標鎖定在原住民。 英國人傳教的目的是 「開化異教徒」 (Convert Heathen)，使其合於 19 世紀初英國和西歐文明的生活方式。換句話說，傳教士要改變原住民單純的耕作生活，讓他們進入具有商業生產能力與技術的階段，在原住民部落產生中產階級，以支撐教會運作，最終希望原住民社會能成為未來歐洲商品銷售的市場。因教會的傳教目的合於英國商人利益，故教會在非洲的活動，普遍獲得商人、資本家的支持，願意提供資源予教會，讓教會繼續深入非洲內陸傳教。

英國人在第二次占領開普殖民地後，更進一步建立教會農場，召集脫離部落的科伊桑人、有色人種，給予他們土地耕作、教導耕種技術後，又將他們分派到其它地區。雖然此政策的最初目的是用來對付科薩人，卻使有色人種當上了小型農場主，也意謂著布爾人所能掌控的農奴人數變少了，對定居南非已久、依靠剝削原住民勞力且從事農、工、商業的布爾人產生威脅。

三、《第 50 號法令》的發布及影響

英國為了維護殖民地統治秩序，除了駐紮英國人組成的正規軍外，同時也招募了有色人種充當警察，同時改革殖民地的司法制度，尤其是設置「流動法庭」，讓有色人種、奴僕有機會申訴布爾人的虐待，使布爾人甚為不滿。但最重要的改革，不外乎頒布《第 50 號法令》(*Ordinance No. 50*)。

1828 年，開普殖民政府在英國國會的壓力下，發布改善科伊桑人與有色人種地位的一系列法律改革，這就是俗稱的《第 50 號法令》。此一法令幾乎解除了有色人種的所有限制，使他們和白人享有法律上的平等地位，但卻也造成更多的有色人種僕役（廢除奴隸制度後，改稱為僕役，但實際上與奴隸無異）出逃，或者是要求主人付出更高工資，而且變得不易控制，危及布爾人群體的利益。1834 年，殖民地總督為了解決《第 50 號法令》所產生的後遺症，企圖祭出《流浪法》(*Vagrancy Law*)，逮捕無家可歸的流浪漢或是乞丐，而這些流浪漢及乞丐多為有色人種。但此法最終因違背《第 50 號法令》的精神而未實施。總體而言，英國廢除了奴隸制度、修訂稅制，解除布爾人對有色人種的奴役，使各色人種間有較多的平等，卻也讓布爾人（主要是農民）產生不滿，並且埋下英、布在未來釀成嚴重衝突的遠因。

此外，另一現實問題是，英國人雖然廢除奴隸制度，但也加速擴張開普東境，因此成為布爾人擴張殖民地的競爭者。在英國人據有開普殖民地後的數十年中，常與居於大魚河流域的科薩人

發生衝突，經過數次的戰爭後❶，英國人勢力範圍不斷東擴，甚至繞過南部的科薩人部落，直接抵達東部海邊平原地區，逼使布爾人不得不轉向北方內陸拓墾。就在經濟資源被英國人掠奪，生活、文化又被英國人歧視的情形下，布爾人農民不得不另謀它就，這個「它就」即是南非史上著名的「大遷徙」。

第二節　大遷徙的意義與過程

一、「大遷徙」的意義

　　1836 至 1854 年間，將近的二十年南非歷史中，主角是布爾人向北大遷徙。1836 年，布爾人紛紛乘著大牛車，攜家帶眷與槍砲，浩浩蕩蕩地向北遷徙，這是南非歷史上最重要的「大遷徙」，而整個過程為南非土地增添了許多悲壯的色彩。對英國殖民當局而言，大遷徙或許是因布爾人不滿英國人統治，而另尋安身立命的新天地，但是對早已在當地生活數千年的南非原住民而言，「大遷徙」又是另一次全面性大掠奪，在漫漫路途上留下斑斑血跡。

　　「大遷徙」是一個數千名居於開普殖民地邊境的布爾人農民，有組織地往鄰近的北方、東北方移民，而此次遷徙有一特性，即是他們沒有重回開普老家的打算，合於 19 世紀世界各地的移民模

---

❶　英國人為了擴大殖民地，所以在布爾人北遷前，曾對黑人族群發動三場戰爭，時間分別為：1811–1812 年、1818–1819 年、1834–1835 年。

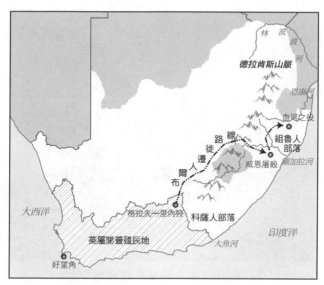

圖 15：布爾人大遷徙

式，例如歐洲人移居北美或澳洲、太平洋各島。觀察這一波世界
移民史的脈絡，「大遷徙」可以說是白人殖民擴張的其中一段歷
史，結果是號稱文明的西方國家，在南部非洲的殖民土地呈現倍
數擴增。

　　早期荷蘭人殖民南非的思維，依據中國學者孫紅旗 (1962-)
從心理史學的角度分析，指出荷蘭人認為科伊桑人是未開化、居
無定所的遊牧民族，意即他們從不是真正且合法的土地所有者，
所以這片土地，當然應由有責任與能力的先進民族（即歐洲移民）
來占有與開發。在荷蘭人殖民開普逾一百五十年後，布爾人發起
「大遷徙」時，此一心態亦由布爾人所繼承。

　　然「大遷徙」所面臨的問題卻不是理論上，而是實力問題。

圖 16：乘牛車拓墾的布爾人

布爾人北遷甚為辛苦，因他們企圖占領的土地既非無人居住，原
住民部落亦非如開普地區少數且弱小的科伊桑人，而是為數眾多，
有組織且強大的酋長國，其中最為強大的是祖魯王國。

二、「大遷徙」的過程

1818 年，祖魯王國在國王夏卡 (Shaka, 1787–1828) 領導下，
積極征服鄰邦與對外擴張，多數部族遭到征服而併入祖魯王國，
剩餘部族則落荒而逃，這些部族有部分北遷建立新酋長國，例如：
恩德貝里族、桑甘族 (Shangaan)、柯洛洛族 (Kololo)、恩古尼族。
有的則向南遷，例如：索托族、史瓦濟族、旁多族 (Pondo)、佩迪
族 (Pedi) 等。即便夏卡在 1828 年被殺，其征戰所造成的影響仍廣
泛且持續往西、 北地區擴散， 如恩谷威 (Ngwane)、 赫魯比

(Hlubi)、 多羅科瓦 (Tlokwa) 和恩德貝里等族， 為躲避祖魯人威脅，而同時向北遷徙至南非中、北部內陸地區。然後他們又為了爭奪土地，彼此間互相殘殺，導致這些躲避祖魯人而潰散的原住民族群，不是被消滅就是面臨飢餓，非常殘弱。不過祖魯王國稱霸高原到東海岸線的廣大土地，意味著布爾人「大遷徙」已無法如過往「如出入無人之境」。

　　布爾人踏入從未有白人足跡且人口稀少的廣袤土地時，為求生存就得面對兩個強大的黑人部落，第一個是前祖魯將軍恩其里卡茲 (Mzilikazi, 1790–1868) 與其帶領的馬它貝里 (Matabele) 部落；第二個是統治圖加拉河 (Tugela River) 以北納塔爾地區的祖魯王國國王丁幹 (Dingane, 1795–1840)。布爾人在 1839 年徹底制服了這兩個強大對手，增加了他們的民族信心，其中最重要的戰役是以寡擊眾的「血河之役」(Battle of Blood River)。

　　大遷徙伊始，布爾人先鋒隊的主要領導人彼得・雷蒂夫 (Piet Retief, 1780–1838)，在 1838 年 2 月 6 日會見祖魯王國國王丁幹商討合作事宜，但過程並不平順。後來丁幹邀請彼得・雷蒂夫及其僚屬來做客，再用計殺害他們。彼得・雷蒂夫一行人遇害後，布爾人迅速發現他們的遺體，並在彼得・雷蒂夫身上發現一份有丁幹簽名的土地讓渡契約❷。就在布爾人痛失領導人而群龍無首之際， 2 月 17 日清晨， 祖魯戰士包圍並突襲布爾人在布希曼河

---

❷ 該契約是否真的存在，引起不少歷史學家質疑，也有學者認為這份契約曾經存在，只不過在 1900 年的第二次布爾戰爭期間遺失了。

(Bushmans River) 和布羅肯斯河 (Bloukrans River) 間的牛車陣地，約五百名遷徙者（多半是布爾人的僕役）被殺，被擄走了約二萬五千頭牛與數千頭羊與馬，史稱「威恩屠殺 (Weenen Massacre)」。過了兩個月後，兩位布爾人指揮官皮特・烏亞斯 (Piet Uys, 1797–1838) 與亨德里克・波吉特 (Hendrik Potgieter, 1792–1852) 率領突擊隊反攻，但是途中遭到祖魯人伏擊，含皮特在內有十人陣亡，突擊隊也無功而返，於是波吉特帶領布爾人前往瓦爾河以北駐紮。經歷了這些挫敗，布爾人的士氣跌落至谷底，一直到普利多利烏斯 (Andries Pretorius, 1798–1853) 擔任領袖後，情勢才有所改觀。

圖 17：畫家貝爾所繪威恩屠殺場景

　　普利多利烏斯是一位來自開普殖民地格拉夫─里內特地區、槍不離身、充滿活力的農夫，也是一位在布爾人當中最具領袖特質的人。1838 年 11 月，他接下皮特陣亡後的領導權，立即在納塔爾成立一個約五百人的游擊隊，由他擔任總指揮官，準備對祖魯人展開報復性攻擊。12 月 9 日的開戰前夕，普利多利烏斯與他的隨從發誓，只要上帝讓他打敗祖魯人，則在場每一位參與者與後代子孫將定一個感恩日並且每年奉行之 ❸。而南非歷史上最關鍵的「血河之役」，也揭開序幕。

　　12 月 15 日，大批祖魯戰士再度包圍布爾人的牛車陣地，普利多利烏斯立即命令以牛車依傍恩康河 (Ncome River) 邊，圍組成一個方陣防衛陣地，並要求每位布爾人各拿一把長槍，外加利用僅有的兩門大砲，來抵抗大約一萬名祖魯戰士的攻擊。戰役結束後，約有三千名祖魯戰士陣亡，而四百六十八名布爾人當中，卻奇蹟似地只有三人受傷且毫無生命危險。此次殘酷的殺戮，將整條恩康河染成紅色，讓恩康河得到「血河」的稱呼，是役也被稱為「血河之役」 ❹。

　　祖魯王國受到血河之役挫敗影響，陷入永無止息的內戰，丁幹甚至被同父異母的兄弟恩貝德 (Mpande, 1792–1872) 推翻，恩貝德後來順從布爾人，願意被普利多利烏斯任命為祖魯國王。普

---

❸　普利多利烏斯的誓詞，也同樣被歷史學家質疑，因後來布爾人（阿非利加人）主政的南非聯邦或南非共和國均未奉行慶祝此感恩節。

❹　「血河之役」一詞，較常出現於白人政府時期，到了民主南非時代，大多只描述戰役過程，而少直稱「血河之役」。

利多利烏斯則依據先前在彼得‧雷蒂夫遺體上發現有丁幹簽名的
土地讓渡契約，要求恩貝德兌現，布爾人便在納塔爾地區有了立
足之地，建立納塔利亞共和國 (Natalia Republic)。這是布爾人「大
遷徙」時首度建立的共和國。

第三節　英、布納塔爾衝突與布爾人共和國的建立

一、從「納塔利亞共和國」到「納塔爾殖民地」

　　納塔利亞共和國建立後，布爾人起草憲法，引進荷蘭地方政
治體制，並推選普利多利烏斯為總統。不過他們也重建過往的種
族特權與不平等關係，如公民權只給予會說荷語的男性歐洲移民
後代，是獨尊布爾人的制度。所有公民應得的政治權利，黑人、
有色人種均無法獲得，甚至被貶到一種近乎奴隸且慘遭虐待的慘
狀。布爾人又常組織突擊部隊，隨意綁架黑人部落的幼童，逼他
們在農場工作以換取食物、衣服，且只提供一個簡陋的棲身處。
如果這樣還無法滿足勞力需求，每個布爾人農場主還可允許五個
黑人家庭居住在農場土地上，讓他們為農場主做工。

　　納塔利亞共和國成立後，即積極向南擴展，英軍便以維持秩
序為由，逐漸派兵進入納塔爾地區。就在英國出兵的一年後，即
1843 年，為了阻止納塔利亞共和國威脅到開普殖民地的東北邊
境，開普殖民地總督要求納塔利亞共和國必須接受英國統治，而
兼併為納塔爾殖民地 (Colony of Natal)，納塔利亞共和國僅維持四

年。失去共和國後，布爾人被迫退入德拉肯斯堡山脈以西，但英國殖民當局仍視布爾人為它的臣民，跟著布爾人拓墾的腳步跨入奧倫治河流域，在布雷封登（又譯為布隆泉，Bolemfontein）設官統治，以管理居住在奧倫治河、摩德河 (Modder River) 間的布爾人。

二、兩個布爾人共和國的建立

1848 年，英國殖民當局宣布將在開普殖民地設置立法部門，給予開普居民財產權與限制的選舉權等種種進步改革，也引發開始思考重新改善與布爾人的關係。英國人完全控制納塔爾後，鼓勵英國人移民至納塔爾，以填補離開納塔爾的布爾人空缺。可是殖民當局開始思索自身在德拉肯斯堡山脈以西地區的統治角色時，意識到若介入德拉肯斯堡山脈以西，則將陷入布爾人移民與黑人部落間複雜的領土糾葛。英國深覺到帝國在南非的負擔過重，決定轉採取「放棄」而非「治理」的策略。1852 年，英國與布爾人領袖簽訂《沙河條約》(*Sand River Convention*)，承認在威恩屠殺後移居到瓦爾河以北的布爾人的獨立地位，讓布爾人達成在川斯華建立統一政府的目標，是為「川斯華共和國」(Transvaal Republic)。兩年後，英國又與布爾人簽訂《布雷封登條約》(*Bloemfontein Convention*)，讓布爾人又建立了第二個共和國——橘自由邦 (Orange Free State)。

這兩個布爾人共和國的統治形態仍十分鬆散，單憑兩條約亦難以安穩立國，後續仍有許多波折待克服。布爾人雖有了自己的

圖 18：兩個布爾人共和國

國家，但在面對黑人與英國人的雙重壓力下，內部亦不曾間斷地
爆發衝突。

第四節　共和國內部紛擾與英、布衝突加劇

一、橘自由邦與巴斯特蘭酋長國的邊境戰爭

　　橘自由邦建立於瓦爾河與奧倫治河之間，是一個布爾人組成
的政府體制，結合開普地方統治形式與納塔爾的立法機制，再加
上美國憲法中保障人權的混合形態。在此體制下，白人選舉出總
統、立法人員和地方官員 (field-cornet)，地方司法人員則由政府

指派。然而橘自由邦成立之初即有兩大問題亟需解決，首先是人民對共和國的向心力不足，第二是與鄰近地區、由索托人建立的巴斯特蘭酋長國（Basoetoland，約為現今的賴索托王國 [Kingdom of Lesotho]）之間的緊張關係。

橘自由邦內有說英語的白人傳教士、貿易商、普通商人與工匠等，但整體人口結構還是以布爾人占多數，其中不少人想要在瓦爾河南、北兩岸建立統一的布爾人共和國。就在橘自由邦建國第一年（1854 年）時，前納塔利亞共和國總統普利多利烏斯之子馬丁納斯 (Marthinus Wessel Pretorius, 1819–1901)，曾數度計畫推翻現有政府，以團結兩個布爾人共和國，但都以失敗收場。可見橘自由邦初期內部團結不足，但憲法頒布且施行後，橘自由邦便以布雷封登為首都，日漸穩定發展。

可是內部團結不足的嚴重性，遠不如索托人所造成的邊境糾紛。1838 年的血河之役，布爾人依恃槍砲而以寡擊眾地征服祖魯王國，取得土地而獨立。可是在英國人宣布放棄插手橘自由邦的邊界問題時，布爾人與巴斯特蘭酋長國的領土紛爭便不斷擴大，甚至在 1858 年時，雙方調停失敗而決裂，使橘自由邦向巴斯特蘭酋長國宣戰，派遣士兵深入塔巴博蘇高原 (Thaba Bosiu Plateau) 展開游擊戰。但索托人不是省油的燈，他們從 1840 年代起，就不斷從開普殖民地購買槍械與馬匹，而塔巴博蘇高原特有的巴托小馬 (Basuto Pony)，讓索托人戰士均精於騎乘作戰，加上他們熟悉當地山脈地形，建立許多難以攻克的要塞。除此之外，索托人戰士也會主動出擊橘自由邦邊境，使橘自由邦游擊隊陷入苦戰而不得

不撤退。

　　1865 年，雙方再度爆發衝突，年事已高（八十歲）的莫休休酋長 (Moshoeshoe I, 1786–1870) 向英國人求援，但英國並未採取任何行動，任憑布爾人摧毀索托人的農作物與糧倉，並且劫走他們的牲畜。布爾人的入侵造成巴斯特蘭酋長國毀滅性災難，讓巴斯特蘭酋長國幾近覆亡。領導人莫休休審時度勢，認為與其被種族主義較深的布爾人征服，不如讓英國兼併，而巴斯特蘭酋長國陷入危機，亦讓英國心生不安，唯恐其進一步危及開普殖民地邊疆前線。於是在酋長國面臨危亡之際，開普殖民地總督伍德豪斯 (Philip Wodehouse, 1811–1887) 得到倫敦中央的授權，兼併巴斯特蘭酋長國部分領土，使之成為英國的保護國。1868 年，三方達成最終協議，莫休休酋長同意將一大片富饒肥沃的土地讓予橘自由邦，自己僅保留可供生存的土地，勉強地保住民族生機。過了將近一百年，巴斯特蘭酋長國才以賴索托王國之名，在 1966 年脫離英國而獨立。

二、第一次布爾戰爭 (First Boer War)

　　1857 年，波徹斯頓 (Potchefstroom)、林登堡 (Lydenburg) 和索特旁斯堡 (Soutpansberg) 的人民聯合通過川斯華共和國的憲法，建都於普利多利亞，並選出馬丁納斯為首任共和國總統。憲法通過後，終於解決原本國家組織鬆散的問題，因此大部分布爾人都暫時拋開成見，接受這個新政府。

　　馬丁納斯有心統一這兩個布爾人共和國，甚至在 1860 年競選

橘自由邦總統並且當選。但他後
續推行的統一規畫，則因政敵反
對，要求馬丁納斯就兩國總統之
中擇一就任而告吹。他後來選擇
了橘自由邦，卻仍不斷插手川斯
華共和國政治，導致川斯華共和
國陷入內鬥，幾近內戰邊緣。川
斯華共和國的動盪不安，經歷了
整個 1860、1870 年代，從而讓
英國人有可乘之機，得以在
1877 年短暫征服川斯華共和國。

圖 19：保羅・克魯格

　　正當兩個布爾人共和國陷入紛爭之際，納塔爾殖民地總督謝
普斯通 (Theophilus Shepstone, 1817–1893) 於 1876 年前往川斯華
共和國，勸其接受英國統治。而當時的川斯華共和國陷入內鬥與
財政困難，東邊又與祖魯王國爆發大規模衝突，面臨嚴峻的雙重
困境，川斯華共和國高層接受了英國的招降，在 1877 年發表聲明
歸併入英國。但是川斯華地區併入英國統治後，英國並未積極改
善布爾人的生活條件，亦無增加投資，反而徵收更多稅款，以償
還川斯華共和國所積欠的稅款，使當地布爾人心生不滿。與此同
時，英國在 1879 年祖魯戰爭中取勝並消滅了祖魯王國，解除了川
斯華地區最大的外患威脅，布爾人又重啟脫離英國統治的計畫。

　　1880 年，巴斯特蘭爆發內亂，駐川斯華的英國主力部隊南下
平亂，僅在川斯華留防不到三千名警備部隊，防務空虛。於是在

當年 12 月 16 日，五千多名不滿英國統治的布爾人聚集抗議，拒絕向英國人繳稅，這個突如其來的行動又演變為武裝暴動，布爾人突擊隊迅速地殲滅警備部隊，並且入侵納塔爾，對領導無方的英軍進行一系列打擊。布爾人的訴求是恢復川斯華共和國，推舉德高望眾的保羅·克魯格 (Paul Kruger, 1825–1904)、游伯爾 (Petrus Jacobus Joubert, 1831–1900) 與前總統馬丁納斯三人合組政府，將獨立聲明送達普利多利亞的英國駐軍總部，英人自然是嚴正拒絕，宣布雙方開戰。

1881 年 2 月，布爾人突擊隊於白天突擊在馬攸巴山 (Majuba Mountain) 上的英國軍隊，消滅了二百八十名英軍，英國殖民當局被迫在同年 3 月 6 日與布爾人簽訂停戰協議，8 月 3 日簽訂《普利多利亞協定》(*Pretoria Convention*)，保證川斯華可以建立在英女王宗主權下的完全自治政府，但英國得到幾項保證：⑴對川斯華仍然保有對外關係的控制權，川斯華共和國不得與外國強權簽訂任何條約；⑵戰時英國有權借道進入川斯華共和國、英國商品可自由進入共和國等權利。此協定簽訂後，保羅·克魯格被選為新任川斯華共和國總統。是次布爾人與英國人之戰，即是第一次布爾戰爭，促成了川斯華共和國重新獨立。

鑽石、黃金的發現與第二次布爾戰爭

第一節　第二次布爾戰爭的爆發背景

一、南非進入礦業時代

　　1867 年，艾洛斯馬·史戴夫尼斯·雅各 (Erasmus Stephanus Jacobs, 1851?–1920) 在奧倫治河河畔的農場內，發現一顆閃閃發亮的小卵石，後來經專家確認，那是一顆二十一克拉的鑽石。後來人們又在瓦爾河與奧倫治河的匯流處以北發現鑽石礦脈，此地就是後來的世界鑽石之都——金百利。鑽石礦脈被發現後，布爾人與格里瓜族 (Griquas) 開始競相開採，如同 1848 年美國加州發現金礦後，吸引無數淘金客一窩蜂前往西海岸一樣，徹底改寫加州甚至整個美國的歷史。在金百利發現鑽石後，僅僅二十年的光景，即因礦業與工業崛起而成為南非的經濟重心，同時改變了南非人經濟、政治與社會生活。又在 1886 年時，一名來到南非遊

圖 20：1886 年的約堡黃金礦場

歷、探險的澳洲人喬治‧哈里森 (George Harrison)，有天經過蘭
格拉特 (Langjaagte) 的一處農莊，被一塊露出地表的石頭絆倒，
曾有礦場工作經驗的哈里森，敏銳地知道這絕不是普通的石頭，
結果不出所料，經過處理的石頭果然蘊藏有黃金。而該地經過了
四十、五十年的開發後，變成了南非第一大城約翰尼斯堡。不過
上帝給人財富卻也給人磨難，約堡的貧富差距嚴重，治安欠佳的
問題也往往為人詬病。

　　鑽石、黃金的發現，將這個遠在非洲大陸的英國殖民地，從
一個被帝國忽視的角落，一夕間成為國家財富之泉源，它足以媲
美帝國皇冠上最重要的珠寶──印度，徹徹底底改變了南非社會，
史學家將之稱為「礦業革命」(Mineral Revolution)。然而「利益
之所在，爭端之所在」以及「匹夫無罪，懷璧其罪」，鑽石、黃金
的發現，讓英、布關係又開始緊張起來，埋下日後爆發第二次布
爾戰爭 (Second Boer War, 1899–1902) 的種子。

二、英國覬覦鑽石、黃金利益

南非的政治發展，自 18 世紀開始就受到歐洲政治與經濟的連動，尤其在 19 世紀末葉，可以說是歐洲國家競相在世界擴張殖民版圖的時代，非洲更是最激烈的角力場。其中英國也是瓜分非洲競賽中的要角，而擁有豐富鑽石、黃金的南非更是被英國視為禁臠。英國逐步併吞兩個布爾人共和國的手段，是採取典型的帝國主義作法，先以所謂「公正」仲裁人的角色，分化與自身利益相關的部族或國家，再進行兼併活動。

南非鑽石礦區位於英國開普殖民地北方，即橘自由邦與原住民格里瓜族、茲瓦那族的中間地帶，所以多方宣稱擁有採礦權，吸引數千名包括白、黑人，與來自歐美、澳洲的投機者與礦工蜂擁入南非。英國人雖無法直接介入、參與爭奪，但當然不會坐視外來者搶食大餅，亟欲將這塊寶地據為己有。英國先以「第三方國家」 的身分成立調查法庭 ， 提議由納塔爾殖民地副總督基特 (R. W. Keate, 1814–1873) 充當仲裁。1871 年的仲裁結果，將整個蘊藏鑽石的地區 ， 判給了格里瓜族酋長瓦特波爾 (Nicholas Waterboer, 1819–1896)。可是過沒多久 ， 英國勸格里瓜族接受英國保護 ， 以免受布爾人侵犯 ， 進而併吞該地為西格里瓜殖民地 (Griqualand West)。如此行徑，表面是保護該族利益，實際上是獨吞所有利益。以上種種行為，布爾人自然是難以接受。

而英國人控制鑽石產區後，進一步地也想掌握黃金產地，可是黃金礦脈不同於鑽石產區位於三不管地帶，而是位於川斯華共

和國中心點，英國人無法重施故技。所以英國人首先向布爾人示好，在 1878 至 1881 年間擊敗布爾人的頭號外患——祖魯人與佩迪人，以爭取川斯華共和國歸附。然而共和國總統保羅‧克魯格為了維持民族獨立、持續發展該地區，而拒絕併入大英帝國。但在鑽石、黃金的利誘下，英國並未就此罷手，而是持續糾纏著川斯華共和國。

三、英國在南部非洲的戰略、殖民政策及其影響

為何英國無法容忍兩個布爾人共和國獨立？基本上還是得從戰略、經濟的角度來思考這個問題。雖然蘇伊士運河在 1869 年開通，但該運河容易在戰爭時期被封鎖，所以開普敦仍然是英國前往遠東最重要的軍事基地，是大英帝國殖民體系的基石，更何況川斯華共和國正控制著全世界最大的金礦，英國人怎甘心放棄呢？英國的步步逼近，正是要來搶占金礦。此外，英國人對開普殖民地黑人較為開明的統治，讓布爾人頗不以為然，共和國總統保羅‧克魯格認為，嚴格遵守喀爾文教派的生活方式，使布爾人難以融入英國人的統治。英國人則認為布爾人是居於非洲的白人族群，他們有精良的軍備與組織，也素有歐洲文化中的戰略、戰術知識，不能與其它非洲族群齊觀。

19 世紀最後的二十年中，南部非洲除了德屬西南非（German South West Africa，今納米比亞）、葡屬莫三比克外，已幾乎是英國囊中物，可是這兩個布爾人共和國，不僅在保羅‧克魯格的領導下常不聽使喚，又不願接受英國所提出的降低關稅及其它政治

要求，危及到英國人在南部非洲的利益。英國著眼於南部非洲的利益，逐步兼併布爾人共和國周圍的土地，不僅進一步控制祖魯人，更在史瓦濟蘭於 1894 年成為川斯華共和國的保護國後，進一步併吞莫三比克，一舉包下莫三比克至納塔爾殖民地間數百公里的海岸線，對兩個布爾人共和國形成包圍之勢，切斷了他們通往印度洋的管道，影響到共和國的礦業進出口。除非布爾人能自建鐵路，從莫三比克的迪拉格拉灣（Delagoa/Maputo Bay，又稱馬布托灣）出海，否則無法避開英國的干涉，但是這是耗資甚鉅的大工程，且緩不濟急。最後英國網開一面，1892 年與 1895 年，英國分別允許布爾人共和國商品從開普港、納塔爾港出口。讓英屬開普、納塔爾殖民地，從中獲取運輸利益。

　　另一方面，德國於統一後崛起，並加入非洲殖民地競逐，深深影響英國對整個非洲的戰略考量，同時讓英國對布爾人共和國的態度轉趨強硬。1885 年的柏林會議（Congress of Berlin，又稱「柏林西非會議」）結束後，歐洲國家競相瓜分非洲，依會議後的默契，列強只要知會其它強權，即可逕行占領「無主」的非洲領土。英國雖是最大贏家，但德國卻在南部非洲建立殖民地，一夕間改變了南部非洲的地緣政治。德國立足南部非洲後，緊接著承認川斯華共和國，與其建立邦交關係。與此同時，英國保守黨 (Conscrvative Party) 於 1895 年取代自由黨 (Liberal Party) 執政，作風較為強硬，使得布爾人共和國不僅是一顆難以使喚的棋子，甚至如芒刺在背。又從整個世界局勢看來，19 世紀末統一的德國，還有南北戰爭後迅速復甦的美國，日漸掩蓋過英國的鋒芒。以上

民）的充分支持，他們只想經合法手段來爭取權益，而不是想造反。當羅德斯意識到共和國內「外地人」的配合意願不足，成功機會微乎其微，決定臨時喊停。可是 1896 年 1 月 2 日，接獲情資的川斯華共和國政府，率領突擊隊逮捕領導叛變的詹森醫師，以及參與叛變的五百名士兵，結束了這場即將爆發的叛變。

事後，英國政府否認它與整起事件有關，羅德斯也失去開普殖民地荷裔民眾的支持，黯然辭去總督職務。另一方面，保羅‧克魯格總統採取寬大為懷政策，並未處死詹森醫師與其同伙，只處以二萬五千英鎊的罰款，再遣返回開普殖民地。這場叛變雖然沒有成功，卻進一步加深英、布之間的仇恨。

從 1886 年發現金礦，以及川斯華共和國逐漸排除境內（特別是約堡）的非布爾人族群參政權，已威脅到英國在川斯華共和國的獨占性，且礦業更是翻轉了南非的政治地理，使英國全面掌控南非的企圖心變得更為積極。從叛變失敗至 1899 年戰爭正式爆發的這一段期間，保羅‧克魯格總統只有兩條路可選擇，一是解散當時已經存在的國家，二是與英國決一死戰。最後他選擇了聯合橘自由邦對抗英國，掀起一場跨越 19、20 世紀，使英國走向衰敗的戰爭——第二次布爾戰爭的序幕。

第三節　第二次布爾戰爭的經過

一、戰事爆發

　　詹森醫師叛變事件，加強了保羅‧克魯格總統的危機感，他立即採取行動，對外鞏固川斯華共和國的獨立，對內強化統治權、抑制司法權的干涉，以提升政府的行政效率；削減一度被鼓動參與叛亂的「外地人」影響力，禁止他們從事政治活動；他從德國進口大量現代化武器，重新裝備軍隊；於 1897 年時，與橘自由邦制定攻守同盟條約，強化彼此共存共亡的命運。保羅‧克魯格的種種作為深得民心，使他在 1898 年的共和國總統大選中，獲得壓倒性的勝利，是他人生事業的巔峰。

　　其實在兩個布爾人共和國建立時，他們的祖先已經在南非經營二百餘年，相對於搭著 19 世紀末瓜分非洲風潮順風車才定居非洲的歐洲移民，他們對土地有著非常深厚的情感，英國甚至認為布爾人是「非洲的白色原住民」。保羅‧克魯格的種種政策，不外乎是確保共和國內部的安全與對外獨立，在英國眼中，卻誤認為川斯華共和國有意於統一南非，雙方甚至進一步擴大為全面戰爭，實在不值。

　　英國政府也受詹森醫師叛變影響，雖然英國政府否認參與該事件，但是川斯華共和國內部的英國移民，處境卻非常尷尬，而英國政府事後作為，不僅毫無收斂，反而更加強硬。殖民地大臣

(Colonial Secretary) 張伯倫 (Joseph Chamberlain, 1836–1914) 決定干預保羅・克魯格政府，以壓制他在南非愈來愈強的影響力。1897 年，張伯倫任命米納爾 (Alfred Milner, 1854–1925) 為開普殖民地總督。米納爾是一位深信達爾文主義「適者生存」理論的帝國主義者，並積極支持擴張主義。他認為布爾人即使是歐洲白人的後裔，但他們毫無例外地，得如其它非洲部落一般，接受大英帝國統治，甚至是生活於開普殖民地的忠誠布爾人，米納爾也絲毫不信任他們。在他主觀意見上，他認為保羅・克魯格有統一南非的野心，所以不時流露出對保羅・克魯格總統的厭惡，並極力打壓與防範川斯華共和國。

最早，米納爾極力挑剔保羅・克魯格政府及其議會的所作所為，他將川斯華共和國境內的英國移民處境比擬為奴隸，同時拒絕妥協保羅・克魯格總統提出之任何條件，本想藉此獲取共和國內部的反對勢力支持，未料保羅・克魯格卻在 1898 年大選獲勝。如此結果，讓米納爾認為唯有直接動武，才能確保英國在南部非洲的殖民地。與此同時，1899 年 9 月，殖民大臣張伯倫成功說服內閣動武，主戰派正式占上風，起草了一份「哀的美敦書」（Ultimatum，又稱為「最後通牒」），接著命令戰艦陸續開赴南非，南非殖民地駐軍盡數調往布爾人共和國的邊界，戰爭一觸即發。

如此情勢的發展，讓布爾人共和國意識到，除非放棄獨立，否則英國不會善罷干休，於是保羅・克魯格總統乘英國援軍抵達之前，先發制人、予以重擊，於 1899 年 10 月 11 日下午 5 時，送

出了一份給英國的「哀的美敦書」，吹響了第二次布爾戰爭的號角。

戰事從 1899 年 10 月爆發至 1902 年 5 月和談為止，對布爾人而言，這是他們第二次爭取自由的戰爭，但單憑兩個布爾人共和國對抗整個大英帝國，談何容易？整個戰爭過程，可以分成三個階段：(1)初期：布爾軍占上風時期；(2)中期：英國反敗為勝時期；(3)最後：邁向和談，下文即分別說明三階段的發展。

二、布爾軍占上風時期

英、布宣戰後，保羅‧克魯格總統實施戒嚴，橘自由邦總統斯泰恩 (M. T. Steyn, 1857–1916) 呼應川斯華共和國的同盟條約，也開始動員市民。大多數被徵召的突擊隊員，在英國納塔爾殖民地附近備戰。戰爭伊始，他們部署在巴蘇托蘭邊界、橘自由邦金百利西邊區域、川斯華馬弗肯 (Mafeking) 附近、納塔爾北部與北川斯華等地，五個前線均準備妥當。布爾軍的組成分子中，有僅九歲的小孩，也有高齡七十歲的祖父級戰士，他們老少併肩作戰。布爾軍總共約有五萬二千人，其中三萬人是川斯華共和國軍隊，二萬人是橘自由邦士兵，還有大約有二千名來自開普與納塔爾殖民地的「叛軍」（因為他們來自英屬殖民地，卻支持布爾人共和國）。

戰爭前夕，英、布雙方兵力比約為一比二，英軍才因此發覺承受很大的壓力，所以屯駐重兵在納塔爾通往川斯華的道路上，以吸引布爾軍，使川斯華後方空虛，換取英軍從開普殖民地增援

圖 22：裝備簡陋的布爾人農民軍

的時間。但布爾軍也想在英國援軍到來前，搶先切斷開普與金百利間的交通，好讓布爾軍可以深入攻擊開普殖民地。所以戰事於 1899 年 10 月開啟，布爾軍圍攻馬弗肯、雷地史密斯 (Ladysmith) 與金百利三座邊境城鎮。雖然這三座城鎮的戰略意義不大，英國人也努力保衛這三座城鎮，但布爾軍終究俘虜了數千名英軍和一些文職人員。

　　英國的戰略顯得單純，他們直到 11 月才展開攻勢，且一味認為，只要大軍登陸開普，就可解除被圍攻之處境。但現實情況並不順利，因為英援軍開拔開普殖民地後，在 1899 年 12 月中旬，先後在川斯華南邊的斯通堡 (Stromberg)，與西邊馬格封登 (Magersfontein) 遭受布爾軍攻擊而潰敗，來自東邊納塔爾殖民地克隆斯 (Colenso) 的增援也不順利，這就讓英軍總指揮官布勒爵士 (Redvers Buller, 1839–1908) 決定棄守雷地史密斯。英軍本以為能迅速結束戰事，卻在這三個地方大敗，稱這些日子為「黑色星期」(Black Week)。布爾人節節勝利，使英軍重新思考戰略——無論如何，不惜一切代價，一定要取得勝利，不能允許有任何勢力挑戰大英帝國。

起初，英軍在人數上處於劣勢，但隨著大批援軍到來，人數逐漸超越布爾軍，加上英軍有較好基礎裝備，又配備著具有強大火力的火砲支援；反觀布爾軍至多只有七十門野戰砲，而最重要的武器採

圖 23：英軍所使用的 QF1 重機關槍

購在戰爭初期時仍未到位，子彈在開戰不久就用罄，只好依賴自英軍手中繳獲的來福槍及子彈，如此裝備不良又缺乏足夠戰爭經驗的布爾軍，自然是難以抗衡英軍。不過布爾軍對地形與氣候相當熟悉，加上這是場保家衛國之戰，絕對會盡全力應戰。而布爾軍大多是農民出身，騎馬放牧是家常便飯，讓他們個個是好騎士與神槍手，這是驅動他們發動一場場游擊戰的最佳因素。布爾人以這些優勢，來與有紀律卻顯得笨重的敵人周旋，正好補其裝備上的劣勢。再加上備戰時期，也有購置德國克虜伯公司 (Krupp)生產的最先進武器——口徑一點一四公分，每分鐘可發射五百發子彈的「馬克沁機槍」，還有可擊中二千碼以外目標的最新型毛瑟槍，在在讓英軍吃足苦頭。

對布爾人而言，最津津樂道的就是斯皮恩山戰役 (Battle of Spion Kop)。英軍將領布勒爵士下令在斯皮恩山附近，突破布爾軍的防線。而現代英國史家尼爾‧弗格森 (Niall Ferguson) 有如此描述：

1900 年 1 月 24 日，英軍在夜幕低垂和濃霧的掩護下爬上
陡峭的岩石山上，過程中英軍只遇到一群巡邏的布爾軍，
而且布爾軍很快就消失無蹤。似乎，英軍不費力地就攻陷
布爾軍山頭，在清晨的濃霧中英軍草率地挖了一些壕溝，
自以為完全獲勝，不料大批的英軍卻完全曝露在布爾軍隱
藏於密林內的火砲與來福槍火力網之中，一場殺戮就此展
開，英軍被打得落花流水。

如此可知，布爾人的生活方式與神槍手特質，加上對地形的
瞭解，又輔以野戰砲與最新型的毛瑟槍，在斯皮恩山大敗英軍，
讓英軍不得不對布爾軍刮目相看。

圖 24：斯皮恩山戰役的戰場照片

三、英軍反敗為勝與最後和談

在 19、20 世紀之交，與日不落帝國——大英帝國對抗，或許有著與全世界為敵的感覺。整場第二次布爾戰爭，英國幾乎動員了整個帝國的戰力，從英倫本島、澳洲、紐西蘭與加拿大等殖民地，總共派出近四十五萬名軍隊。在不斷地增援下，英軍在人數上呈現絕對優勢，而布爾軍即使全國動員，至多僅能維持九萬人之數，若是想經由海外管道補給武器，也在強大的英國海軍封鎖下而難以取得，戰局愈趨對布爾軍不利，導致布爾軍在 1900 年夏季的馬弗肯反包圍戰中 (Siege of Mafeking) 慘敗給英軍，英軍全面掌控日後戰局走向。

英軍在駐印老將羅伯特斯爵士 (Frederick Roberts, 1832–1914) 的率領下，不僅解除了所有布爾軍的圍攻，並將英軍推進至川斯華共和國邊境。1900 年 3 至 6 月，英軍連續攻陷布雷封登、約堡，以及川斯華共和國首都普利多利亞，迫使七十五歲的保羅‧克魯格總統逃往歐洲尋求外援（1904 年在歐洲逝世）。占領普利多利亞後，英軍宣稱主權及於川斯華與橘自由邦，此時此刻，第二次布爾戰爭看似勝負底定，羅伯特斯爵士也在 1900 年底以勝利之姿返回英國，受到英雄式的歡迎。但羅伯特斯爵士卻錯估情勢，因為仍有許多布爾人拒絕投降，他們獲得廣大家鄉農民的支持，使食物及情報供應不虞匱乏，而得以繼續頑強抵抗。

1900 年 11 月底，英國併吞川斯華共和國為川斯華殖民地 (Transvaal Colony)，而載譽歸國的羅伯特斯爵士，命令克其納爵

士 (Herbert Kitchener, 1850–1916) 坐鎮南非，肅清殘餘的布爾人游擊隊，務使他們接受無條件投降。但到了 1901 年初，事態卻遠比克其納爵士所想像的嚴重，因布爾人游擊隊仍然盤據在鄉間，不斷進行密集的游擊戰，他們以突襲方式破壞鐵路，或是伏擊疲倦的英軍小隊與補給站。布爾人游擊隊在將領揚‧史幕次 (Jan Christiaan Smuts, 1870–1950)、路易斯‧波塔 (Louis Botha, 1862–1919)、德瑞 (Christiaan de Wet, 1854–1922) 與赫佐格 (Barry Hertzog, 1866–1942) 等人的領導下，行蹤飄忽不定，甚至長驅直入至開普、納塔爾殖民地發動游擊戰，並招募同情者一起加入他們的行列。

克其納爵士因布爾游擊隊的破壞，加上英軍無法有效追擊破壞者，因而十分惱怒。對此，他下令英軍對所有布爾人展開攻擊，不侷限於對布爾軍人，換言之，英軍也視布爾人平民為敵。英國調動大批軍隊，採用焦土作戰，燒掉大約三萬座布爾人農莊，焚燒糧食作物、搶走家畜，流放被捕的布爾游擊隊員到聖赫那拿島 (Saint Helena)、百慕達 (Bermuda) 與錫蘭 (Ceylon) 等地，甚至將擄來的婦女、老人與小孩監禁在集中營。這座惡名遠播的集中營，衛生條件極差，總共造成大約二萬七千多名布爾人老弱婦孺死

圖 25：英國集中營內的布爾人

亡，達布爾人總人口的 14.5%，而且大部分是抵抗力較弱的孩童。

　　英軍以設立集中營、利用人質要脅敵軍投降，最後贏得這不光彩的勝利，因為該戰時集中營為往後戰爭首開惡例。集中營、焦土政策重挫布爾人游擊隊的士氣，讓他們認知局勢已難以挽回而宣布投降。第二次布爾戰爭結束，布爾人失去了他們的共和國，但這場戰爭對英國而言，就如同 1970 年代的越戰之於美國，為此付出高昂的生命代價與經濟成本，雙方其實是兩敗俱傷。

第四節　第二次布爾戰爭的意義

一、《弗依尼芬條約》的簽訂

　　第二次布爾戰爭持續近三十一個月，對雙方都是沉重負擔，戰爭後期英國、川斯華共和國與橘自由邦的三方和談，攻防十分激烈，導致交涉長達一年二個月。爭議焦點在布爾人共和國的定位，以及是否給予非洲原住民選舉權兩個問題。幾經折衝尊俎，最後於 1902 年 5 月 30 日簽訂了 《弗依尼芬條約》 (*Treaty of Vereeniging*)。

　　條約第一條明文，布爾人共和國必須移交所有軍事物資與武器，並停止抵抗英國，承認英王愛德華七世 (Edward VII, 1840–1910) 的統治。同時第六條也規定，川斯華共和國、橘自由邦的布爾人有合法保有自衛槍枝的權利，但須依法取得執照；又第七條規定，兩個布爾人共和國的軍事政府應早日由文人所取代，並

且在可能的情況下，盡快建立代議制度，導向自治政府。

　　而布爾人最在意的，有關未來勞動力來源與勞動成本的非洲原住民選舉權問題，卻不是英國人所關心的，故英國最後讓步。該條約第 8 條明文規定，非洲原住民的選舉權問題，留待自治政府成立後再行討論，意謂著此問題將交由將來的布爾人自治政府自行決定。又攸關布爾人文化載體──語言的問題，條約第五條明文，在兩個布爾人共和國境內的公立學校，可依學童父母的要求以荷語教學，而在法院，為了有效溝通，也可使用荷語。條約最後，英國還承諾提供三百萬英鎊來實現條約內容。

　　《弗依尼芬條約》生效後，兩個布爾人共和國失去獨立主權，併入大英帝國。而對布爾人來說，戰時集中營的苦難深化了「阿非利加人民族主義」，對 20 世紀以後阿非利加人在南非的統治產生重要影響。

二、「阿非利加人」民族主義的形成

　　依孫文 (1866–1925) 的理論，具有同一血統、生活、語言、宗教與風俗習慣，是形成一個民族的「客觀要素」，但有一個構成民族更重要的「主觀要素」則是「民族意識」，也就是說，當一個民族受到外來侵略時，會讓該民族有彼此一體利害與共的感覺，因而團結起來抵抗外來侵略，為民族生存而奮鬥。所以各種民族普遍存在於世上，若受到「壓迫」時，常是民族主義形成的開始。

　　早在英國人來到開普殖民地前的荷蘭殖民時期，由於荷蘭人既是執政者也是壓迫者，故雖有荷蘭民族但並未形成民族主義；

英國人征服荷蘭人、入主開普殖民地後，因提出多項政策，迫使大量荷蘭裔（布爾人）大舉北遷，形成歷史上有名的「大遷徙」，並在北方建立兩個布爾人共和國。等到南非發現金礦後，英國人再次入侵，包括詹森醫師叛變，還有第二次布爾戰爭與戰爭中慘痛的集中營夢魘，均是形成「阿非利加人民族主義」最強而有力的刺激。

　　對布爾人而言，「大遷徙」的血河之役，是先祖以寡擊眾之英勇事跡，在 20 世紀初時，已成為阿非利加人民族主義牢不可破、仿若神話般的中心信仰，而且被定位成一種免於遭到迫害的意識形態，象徵阿非利加人與生俱來堅苦卓絕的奮鬥精神。早在「大遷徙」時期，他們已有建立單一民族國家的夢想。可是英國在 19 世紀末不斷地糾纏兩個布爾人共和國，甚至介入鑽石礦發現地仲裁歸屬之爭、武力手段征服擁有金礦的川斯華共和國，皆阻礙了布爾人的建國之路，在在強化阿非利加人民族主義的形成。

　　到了 1930 年代，阿非利加人史學家和政治人物，將 1838 年的血河之役加入種族主義與民族主義之迷思，而彼得‧雷蒂夫遇害，成了黑人行為野蠻的具體象徵，最後布爾人先民奇蹟似的勝利，則證明「大遷徙」的布爾人都是上帝子民，被上帝賦予統治整個南非的權力與責任。然而，卻少有阿非利加人質疑「大遷徙」背後的「細節」。從另一角度而言，「大遷徙」並非只是布爾人單獨地披荊斬棘，因數千名遷徙者之中，約有三分之一是跟隨他們北遷的黑人，布爾人也獲得科伊桑人部落的協助，此外也有英國人加入布爾人游擊隊。所以更適切地說，「大遷徙」中只有不到三

分之一是來自開普殖民地的布爾人，而且選擇北遷的布爾人，大部分若非貧窮就是一無所有，多半是無法在殖民地立足的人。富裕、中產的布爾人則選擇待在開普殖民地安穩地生活，成為日後開普省有完整選舉權的白色選民與統治者。

在種族隔離時期，因血河之役，所以 12 月 16 日被定為最神聖之日，它被列入國定假日，然而對黑人而言，卻是黑人被布爾人侵略的歷史。1994 年民主南非成立之後，原本計畫拆除位在首都普利多利亞的「先民紀念館」(Voortrekker Monument)，但是在曼德拉 (Nelson Mandela, 1918–2013) 堅持下保留下來，也保留了 12 月 16 日這個國定假日，只是將這一天改稱為「種族和解日」。先民紀念館是為了紀念先民拓墾而建，它位於普利多利亞南郊的小山丘上，整座紀念館由花岡岩構築，紀念館中央大廳穹頂上有個圓形天窗，每年 12 月 16 日正午之時，陽光直接由天窗照入大廳中央的衣冠塚，塚上刻有阿非利加文「上帝祝福南非」。

總而言之，第二次布爾戰爭所遺留下來的傷痕，亦讓阿非利加人對英國人觀感不佳，同時痛恨外國勢力介入南非。不過布爾人不屈不撓的精神，也使英國為了兩個白人族群的團結與和諧做出讓步，這也是後來 1910 年南非聯邦誕生的背景之一。

South Africa

第 III 篇

國家統一與種族隔離制度的起與落

第八章 | *Chapter 8*

南非聯邦的誕生

第一節　南非聯邦的成立背景

一、族群問題

　　自從 1870 年代開始，英國就視南非同澳大利亞、加拿大和紐西蘭一般，是一個新殖民地。但南非是非常特別的殖民地，其中最大的不同是，白人族群是南非中少數的少數。如同歐洲國家所擁有的亞洲或熱帶島嶼殖民地，歐洲移民只是總人口中的少數，不像在加、澳及紐西蘭占絕對多數。但不管是南非開普殖民地總督米納爾爵士所屬的保守黨政府，或在 1905 年上臺的自由黨政府，原先均相信英國在南非的利益，只要仰賴少數英國人的支持即可維護。然而第二次布爾戰爭所造成人力與財政損傷，耗盡了英國本土大部分的元氣，此讓英國不得不思考如何修復與布爾人之間的關係，以團結在南非的白人力量。

　　在《弗依尼芬條約》簽訂後，英國單純地認為統治南非，可以如同統治澳洲與加拿大一樣輕易地維持與殖民母國的連結，但英國忽略白人在南非是「絕對少數」，即使英國在南非成立四個殖民地自治政府，仍得面對如何定位非洲原住民政治地位的問題。對此英國放棄堅持已久的人權考量，不願處理黑人參政權問題，反而推給各殖民地政府解決。所以布爾人雖然打了敗仗，卻贏得了獨立自治，並如其所願統治黑人。

　　第二次布爾戰爭後，總督米納爾爵士計畫聯合開普、納塔爾兩個南非英屬殖民地、兩個布爾人共和國成為大英帝國的聯邦，便於制定法律及政策來重建與統一南非。為此米納爾招募了一批年輕的牛津大學畢業生來協助重建。 米納爾於 1905 年返回英國前， 組建在南部非洲所有英國殖民地的關稅同盟 (Customs Union)，同時開通從南非中部到前布爾人共和國之間的鐵路。最重要的是， 他成立南非原住民事務委員會 (South Africa Native Affairs Commission, 1903–1905)，來調查在自治政府成立前，非洲原住民勞工的地位與待遇，以確保原住民勞工受到良好且公平的待遇。這個委員會所提出的報告，對往後 20 世紀的南非社會政策產生重大影響，其中最重大的提議是在鄉村地區建立「原住民保留區」，將原住民與歐洲移民的生活領域分離，同時在城市中實施「黑、白隔離」。

　　另外在對待布爾人部分，英國顯然沒有記取 19 世紀初統治開普殖民地，以及 1877 年短暫統治川斯華共和國的教訓，仍然再次遂行所謂的「英國化政策」，企圖以政治手段同化布爾人，但是適

得其反，此舉反而強化了布爾人的團結，進而刺激阿非利加民族主義的形成。對布爾人而言，英國在新布爾人殖民地實施「英國化政策」，壓迫布爾人所使用的阿非利加語（荷語演化而來），誠為一種文化上的歧視。若小學生在學校說阿非利加語，會被戴上以紙作成的圓錐形高帽 (dunce cap，戴帽者通常被標示是一位劣等生)，並在角落罰站作為處罰。最後，米納爾限制阿非利加語的政策不僅沒有成功，反促成布爾人起身捍衛傳統文化與語言的決心，並提升為「阿非利加人」的民族主義。

1905 年，英國甘貝爾－巴納曼 (Henry Campbell-Bannerman, 1836–1908) 政府上臺後，實行與布爾人的和解政策，先後讓川斯華、橘自由邦殖民地 (Orange Free State Colony) 自治，南非形成四個英屬殖民地並存的現象。這兩個前布爾人共和國所獲得的自治權，除了外交與軍事外，自治政府對於國內政治、經濟擁有一定程度的權力。其實英國那時的想法很簡單，雖英國人擊敗了布爾人，但卻無法以完全的戰勝者自居，更無力將南非塑造為一個英國人專屬的南非。且現實上，英國移民南非政策一直沒有成功，故除了大本營納塔爾殖民地之外，其它三處殖民地的英國移民均少於布爾人，導致南非的白人群體當中，布爾人始終占大多數。在「一人一票，票票等值」的民主制度下，對英國人很不利，不如扶植一個統一、自治又親英國的南非政權。同時將非洲原住民爭取平等與政治權利的挑戰，交予各自治殖民地去應付，以確保英國在南部非洲的統治長治久安。

此外，南非四個殖民地是事實上的生命共同體，而又同樣屬

於遠在西歐的殖民母國。面對第二次布爾戰爭後的經濟重建，若非整個南非團結一致，恐怕以後都無法成事。職是之故，英國也樂見四個殖民地的統一，有助於統一市場。但殖民地統一的前提是「求同存異」，然而四個殖民地，無論在人力、交通、關稅或其它貿易方面各有不同特質，是南非整體經濟發展上的最大障礙。

二、嚴重的勞力短缺問題

戰後南非經濟重建的目標是在礦業，由於第二次布爾戰爭期間，大多數的礦場因勞力短缺而關閉，戰爭結束後勞工卻沒有回流，光是在 1903 年時，就缺少了約十三萬名非技術性工人。而戰後經濟恢復活絡，但黑人工資卻沒有相對提升，使黑人寧願回農村謀生，拒絕進入工資條件不佳、環境惡劣的礦場工作。1903 至 1907 年間，黃金價格上揚了 117%，因而引起礦主對政府施壓，要求盡速解決勞力短缺問題，此時中國大陸勞工頓成首選。1904 年，約有六萬名男性勞工（另有兩位女性，但其中一位不久就返回）移居南非，華人首次加入南非歷史的一頁。

然而對白人而言，黑人勞工被更便宜的華工取代，而非招募白人勞工，代表白人失去向礦主要求更高工資的籌碼，加上種族與文化上的歧異，讓原本就具有濃厚種族意識的阿非利加人，政治意識再一次被喚醒，嚴正反對米納爾的政策與英國人統治。加上路易斯‧波塔、揚‧史幕次組成的人民黨 (People Party) 贏得 1907 年大選，意味著英國人雖以武力擊敗布爾人，但布爾人卻贏得了選舉。所以對於南非的未來，英國人不能單純以為在軍事上

打敗了布爾人，就能以征服者的姿態主導戰後的南非，反而必須謙卑地與布爾人妥協。

因勞力短缺而輸入華人勞工，只是短暫的歷史插曲，隨著1907 年華工契約結束，大多數沒有客死異鄉的華工均陸續返鄉，勞力不足之問題根本尚未解決。所以如何合理分配勞工、解決缺工的問題，不是各行其是的殖民地自治政府所能妥善解決，一個政治統一的南非將十分重要。

三、殖民地間交通與稅制的不協調

基於每個殖民地地理環境與經濟形態不同，本身就容易引起利益衝突，成為各殖民地自治政府間的互動障礙。例如川斯華殖民地是黃金主要產區，業主急需降低關稅成本，但是它位於內陸而無出口港，得仰賴有港口的開普或納塔爾殖民地，而開普、納塔爾殖民地因有海港，故鐵路運費與關稅是十分重要的財政收入，所以它們不斷地希望提高價碼；但川斯華、橘自由邦殖民地自然是希望降低運費、關稅稅額，卻又希望開普殖民地能提高進口農產品的關稅，以保護內陸殖民地的農產品價格。各殖民地政府著眼於利益，因而爭執、僵持不下。

內陸殖民地與沿海殖民地間的關稅之爭，也需要一個統一的南非政府來解決，絕非各殖民地政府各行其是即可處理。此外，對英國人而言，尚有政治與人身安全的切身問題，更無法單獨處理。經歷了納塔爾殖民地黑人叛變後，英國人對安全的需求增加了，這個叛變是規模相當大的巴巴斯叛變 (Bambatha's Rebellion)。

四、巴巴斯叛變事件

　　川斯華地區繁榮的礦業，進一步帶動了納塔爾殖民地的經濟活動，而最終也衝擊該地區傳統的農業經濟形態，一時之間，傳統租地生產經營的農業形態不再受到青睞，取而代之的是投機炒地皮產業。土地公司和地主們不再如同過去只將土地租給黑人佃農從事生產，迫使黑人農民離開土地、放棄農耕，進入勞動市場。

　　擁有大量祖魯人人口的納塔爾殖民地，於 19 世紀末經歷了乾旱與牛隻傳染病，重創祖魯人家庭的經濟生活，也影響到稅收，使殖民地政府開始徵收各種苛捐雜稅。1903 年頒布《土地法》，限制黑人族群擁有的土地面積，而黑人地主也同時被課以更高的稅額。又在 1905 年時，納塔爾殖民地立法機構，通過一項要對所有未婚、男性、黑色成年人徵收「投票稅」(Poll Tax) 的法律。黑人族群面對如此眾多的苛捐雜稅，將這些稅稱之為「恨稅」(Hated Tax，是指針對黑人族群、不公平的、帶有歧視性的賦稅)。

　　納塔爾殖民地的黑人族群，因不滿沉重的稅金，而向其酋長巴巴斯 (Bhambatha, 1860–1906?) 陳情，可是巴巴斯無力替他們討回公道，也無力說服他們接受這些不合理待遇，而陷入兩難。黑人族群的騷動，引起統治當局的注意，法院因而傳喚巴巴斯到案說明，巴巴斯懼於惹起事端，而向祖魯國王迪理祖魯 (Dinizulu, 1868–1913) 尋求庇護、暫避風頭。未料事件漸漸平息後，巴巴斯返回家鄉，卻發現他已被殖民地政府罷黜酋長身分，巴巴斯盛怒

下，私自擄走了殖民地政府新任命的酋長上「梁山」，當上了反政
府軍的領袖。起初，巴巴斯成功地伏擊了一批警察，然後再退到
險峻的山林地區，試圖建立武裝根據地。巴巴斯成功吸引了來自
不同酋長國的勇士，他們都決定與英國人決一死戰。雖然巴巴斯
不久仍兵敗被殺，但他的反叛勇氣與英軍的粗暴行為，又引發了
另一場在馬布邁隆 (Mapumelo) 地區的暴動，數個酋長參與反抗。
英軍挾著消滅巴巴斯的氣勢，也迅速壓制了馬布邁隆暴動，鎮壓
過程中造成三千至四千人被殺，還有超過七千人被監禁，以及超
過四千人被處以鞭刑，而英軍更採取極端報復行為，如焚燒黑人
屋舍、擄走牛群，甚至連提供軍隊協助平亂的祖魯國王，也被處
四年徒刑。

　　納塔爾殖民地的黑人族群反叛失敗，也意味著針對剝削制度
的抗爭失敗，黑人族群只好另謀出路，紛紛至繁榮的礦區當工人。
此外，英國雖然成功鎮壓連續暴亂，但是納塔爾殖民政府亦吃足
苦頭，黑人對白人的仇恨有增無減，這種氛圍也改變了英國統治
當局的想法，但他們作法卻不是改善對黑人的不合理政策，而是
聯合同為白人的布爾人對付黑人。這種作法，反助於提高布爾人
自治政府的實質地位，也是促成南非聯邦成立的重要因素之一。

五、南非現實政治發展的需要

　　英國除了本身安全的考量之外，也不得不正視南非內部的政
治發展。戰後，前川斯華共和國將軍路易斯‧波塔、和揚‧史幕
次組織人民黨；前川斯華共和國總統史汀和赫佐格將軍也在橘自

由邦殖民地建立橘聯盟 (Orangia Union)，如此一來，不僅兩個前布爾人共和國又團結一致，就連在開普殖民地的布爾人也與之互通聲息。正當布爾人空前團結時，英國的甘貝爾－巴納曼領導自由黨贏得了 1905 年選舉，而當上首相，也改變了對南非的政策。

　　1907 年，人民黨、橘聯盟贏得在川斯華的選舉，路易斯・波塔成為自治政府的總理，揚・史幕次將軍則是他的得力助手；同年 11 月亞伯拉罕・福西秋 (Abraham Fischer, 1850–1913) 也成為橘自由邦的總理，而赫佐格將軍則是內閣要角。這是非常特別的政治發展，畢竟第二次布爾戰爭後僅僅五年，這些被英國人擊敗的布爾人將軍，卻成為英國殖民地的政治領袖，路易斯・波塔與揚・史幕次認為這是英國高度寬容與善意的表現，因此他們信守和解政策，致力於團結南非白人族群。

　　此外，19 世紀末、20 世紀初的歐洲政治局勢也影響到南非。1890 年代，德國皇帝威廉二世推出大海軍計畫，挑戰英國的海上霸權時，英德關係開始交惡，到了 1910 年代更是達到臨界點。因此英國認為未來將與德國一戰，擁有統一的南非將會十分有利。於是一個「統一、獨立又親英國」的南非，成為英國最好的選項，促成南非聯邦的誕生。

第二節　南非聯邦的成立過程

　　就某種意義而言，南非的政治聯合，事實上也是經濟與社會的結合，此認知已廣泛地存在。原先關稅同盟因各自利益衝突出

現爭執時，也開啟殖民地彼此之間談判的大門，使南非變成一個新的政治聯盟，對南非經濟產生有利的刺激。更有甚者，它可以解決爭論已久，攸關印度洋與大西洋不同經濟區域間的鐵路運費問題。但若以為過度的經濟算計，會成為建立新聯盟的障礙，顯然是低估了在南非逐漸形成的「阿非利加民族主義」。當時無論是理想或現實，整合為統一的南非政府，是南非白人族群的共識，此一共識在兩年 (1908–1909) 間不斷地協商下，才有進一步對細節的妥協，而進入組織新政府的階段。

　　1908 年 10 月 12 日至 11 月 5 日，攸關聯邦成立的國民會議 (National Convention) 首先於德班 (Durban) 舉行，同年 11 月 23 日至 12 月 18 日、1909 年 1 月 11 日至 2 月 3 日則在開普敦繼續討論，而最後一次大會在 1909 年 5 月 3 日至 5 月 11 日，於布雷封登舉行。在開普司法首長 (Chief Justice) 德維利耶爾 (John Henry de Villier, 1842–1914) 擔任主席，與前橘自由邦總統斯泰恩任副主席下召開，總共由三十人組成代表團，涵蓋了阿非利加人、英國人的主要政治人物，也包含了所有執政黨、反對黨代表，同時也有三位來自南羅德西亞的觀察員。

　　商討聯邦成立所要考慮的因素有三：⑴首都地點；⑵選舉權的問題；⑶攸關阿非利加人民族自尊、文化的語言政策。關於新國家首都的選定，最後達成協議，將負有行政職權的基地設在川斯華境內，也是南非目前的行政首都──普利多利亞；而享有立法權的國會，則設在遠離行政首都一千三百公里遠且最早有議會的開普敦（立法首都）；代表司法權的最高法院，則設立在橘自由

邦的首府布雷封登（司法首都），此方案最能滿足各方訴求而達成
共識。

　　第二是選舉權的問題，會議最後達成協議，維持各殖民地成
年白人男性的選舉權，但成年白人女性尚無權選舉。最後會議結
論僅聲明促進白人女性將來也可獲得選舉權，但之所以暫時不讓
白人女性有選舉權，事實上也有杜絕黑人族群爭取投票權的目的。
因為「若全體白人擁有投票權」，則難以平息黑人族群爭取投票權
的呼聲。

　　最後，攸關文化尊嚴的語言政策，也是讓南非聯邦維持團結
的重要因素。先前的英國化政策不僅無法同化布爾人，反而激起
他們形成阿非利加人認同，故要有一個團結的南非聯邦，英國化
政策勢必終止，因此必須給予阿非利加人的認同象徵——阿非利
加語應有的平等地位。這種平等、相互尊重的文化素養，對英國
這個歷史悠久的民主國家而言並不陌生，南非聯邦之後會制訂「雙
語政策」自然也不足為奇。但雙語政策以白人為尊，且實施了將
近七十年 (1925–1994)，同時將黑人公民權、語言文化排除在外，
此舉雖然促成「南非聯邦」的誕生，但日後卻不斷引起廣大黑人
族群的抗爭，也是促成今日南非執政黨——ANC 於 1912 年成立
的重要歷史背景。

　　南非聯邦《憲法》於 1909 年通過，隔年 5 月 31 日，「南非聯
邦」正式成立。原四個殖民地改制為南非聯邦之下四省：開普／
好望角省、納塔爾省、川斯華省與橘自由邦省。前布爾人將領路
易斯‧波塔與揚‧史幕次所領導的南非黨 (South Africa Party) 又

圖26：南非聯邦國旗　左圖為聯邦成立初期的國旗，右側徽章內有四格，分別代表開普／好望角、納塔爾、橘自由邦、川斯華四省。右圖為1928年後的國旗，中央由左至右分別是英國、橘自由邦、川斯華共和國國旗，代表南非聯邦是由三個政治實體（英國殖民地與布爾人共和國）組成。

贏得大選，兩位分別擔任總理與副總理，他們代表英國人與阿非利加人的利益，領導來自四省主要政黨所組成的聯合政府。南非聯邦成立之初，人口約六百萬（白人一百二十七萬五千、印度裔十五萬、有色人種五十萬，和黑人族群約四百萬人），然而卻只有白人男性才擁有實質的公民權。其它人種，特別是占絕對多數的黑人族群，好似活在另外一個世界，在許多方面與白人所享有的權利相比，真是天差地別。

第三節　南非聯邦所面臨的危機

　　南非聯邦成立後，它仍是隸屬於大英帝國的自治領地，依據《憲法》規定，南非聯邦政府與立法部門在殖民地內擁有充分權力，但英國國王有直接任命南非聯邦總督的權力，而總督是南非聯邦最高行政首長，英國國會則擁有聯邦立法的最後批准權，換

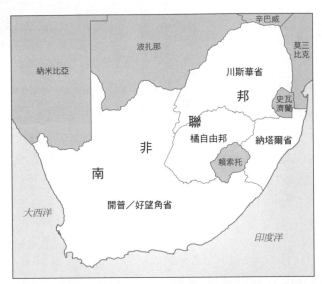

圖 27：南非聯邦地方行政區劃圖

言之，英國還是有辦法干涉南非聯邦內部政治，而南非聯邦的外交事務也得聽命於英國政府。整體而言，南非過去曾是四個分別屬於大英帝國的殖民地，而南非聯邦成立之後，則是一個在英國間接統治下，統一並具有一定程度自治權力的殖民地政府。

　　南非聯邦的成立，基本上解決先前的一些物資與經濟問題。由於南非的自然資源豐富，所以它逃過了 1920 年代晚期開始的全球經濟大蕭條 (Great Depression)，而且國民實際收入也比聯邦成立前增加三倍，其中礦業對國家財政收入的貢獻最大，它讓國家有足夠的外匯以進口所需物資，特別是重機械與燃油。1933 年以後，農民在政府大力支持下，陸續購置現代的生產工具，也大幅地增加農業產量。總體而言，1948 年以前的南非聯邦大致上是自

給自足的。然而南非聯邦成立後的三十年內，有兩個問題始終難以解決：第一是各政黨對於是否續留大英帝國意見不一，而產生政治紛爭；二是勞動力不足。

一、政治內耗

領導南非聯邦的路易斯‧波塔與揚‧史幕次，致力於調和英國人與阿非利加人的關係，他們希望南非維持當時如紐西蘭、澳大利亞一樣的地位，並追求更大程度的自治，然而他們的努力與想法卻受到第一次世界大戰 (World War I, 1914–1918) 的影響，並遭受到黨內重要人士反對。橘自由邦領袖赫佐格加入路易斯‧波塔內閣擔任司法部長，同時也成為阿非利加人追求建立獨立共和國的代表人物。在 1912 年的一次演說中，赫佐格要求南非完全獨立，並且完全由阿非利加人統治。

赫佐格的言論，立即引起英語族群的擔憂，也讓路易斯‧波塔政府非常尷尬，路易斯‧波塔不得不要求他辭去內閣職務，然而赫佐格堅不辭，身為總理的路易斯‧波塔只好內閣總辭，再另外組一個沒有赫佐格的新內閣。赫佐格的反應自然是不以為然，所以他與其支持者在 1914 年組建一個新政黨 —— 國民黨 (National Party)。國民黨的支持者大都是社會階層較低，特別是失去土地而無法從事經濟農業，被迫到城市謀生的阿非利加人，當然也有一些知識分子與怨恨英國統治的人，或是在商業、公務界等領域的重要人士。赫佐格的阿非利加人民族主義訴求，更受到英語人口的反彈，但他率領的國民黨與執政者路易斯‧波塔所屬

圖 28：赫佐格

的南非黨，對於黑人勞力的獨占與支配立場卻是不謀而合。其它內政歧異的解決方法，則隨著第一次世界大戰的爆發，只好暫時拋在一旁。

由於 1909 年《憲法》中，南非聯邦在大英帝國內的定位大致是：內政自主，而外交事務毫無置喙餘地，有關戰爭、媾和的外交事務，得經英國政府決定才能算數。1911 年，路易斯‧波塔參與倫敦的帝國會議，並簽署《聯邦防衛法案》(*Union Defense Act, 1912*)，此法案讓南非有完全自主的防衛武力，而南非可派正式代表參加大英帝國的戰時內閣，商討是否共同對德宣戰。在客觀條件——阿非利加人民族主義與內在政治實力尚不足以對抗英國政府，而主觀上——南非聯邦領導人致力與英國保持良好關係，所以南非聯邦尚無法全然脫離大英帝國，自行建立共和國的目標，一時難以達成❶。

---

❶ 南非聯邦於 1961 年才更名為南非共和國，正式脫離與英國的政治連結。

二、勞力短缺與社會動盪

自 1910 年南非聯邦成立到 1939 年二次世界大戰爆發這一段期間，整個南非當局都將其主要重心，放在如何團結國內所有白人群體的政治勢力。而白人的政治勢力又可區分為英國裔白領、藍領、商業階級，以及為數眾多的布爾人農工階級，所以能否保障與維護白人農、工階級的生存權，是白人是否能團結一致的重要關鍵。另外，黑、白工人的問題源起，始終參雜著白色工人的優越感，與無技術性能力的黑人自卑感，最顯見的差異不外乎「工資」與「職缺」。

南非聯邦的執政者十分明白，礦業是南非經濟繁榮發展的關鍵。而礦主們更深信，金礦業的營運成功與否，有賴於充足的廉價勞力，尤其是豐沛的黑人勞力。路易斯‧波塔曾經在 1907 年成功鎮壓了因降低工資、引進華工所引起的罷工運動，然而白人勞工的不滿情緒，繼續延燒到往後的南非聯邦。時序進入到 1913年，不少從事非技術性職務的白人工人，本身條件不好又不能忍受同黑人勞工般的低薪資，更不敢與黑人勞工競爭，因而向政府提出組織工會的訴求，後來路易斯‧波塔、揚‧史幕次雖接受組織工會的訴求，並承諾將改善白人工人的工作待遇，但相關法案被英國國會否決，結果激起大規模的白人抗爭，導致鐵路與港口的白人雇傭工遭受裁員的危機。1914 年，各界白人工人聯合發動全國性大罷工，但迅速被政府鎮壓，並頒布《暴亂法案》(*Riotous Assemblies Bill*) 賦予警察更多的執法權力，以有效地鎮壓

群眾，且嚴格禁止公共聚會。1913、1914 年的南非工潮，導致進一步的衝突，對國內政治、經濟的衝擊，遠比第一次世界大戰對南非的影響還要大。

第一次世界大戰爆發後，因通貨膨脹、金價低落與金礦生產成本提高，對礦主造成營運壓力，所以礦主希望解除膚色藩籬，以廉價的非白人勞工，取代工資較高、半技術性的白人勞工。但這些礦主只願意提供低水平待遇，引起黑、白勞工的不滿與罷工。戰爭期間，許多白人勞工入伍參與戰爭，產生的空缺則由有色人種填補。當這群士兵於戰後回鄉時，向礦主要求恢復工作，但礦主基於勞力成本，紛紛拒絕他們的要求，或者是僅提供非常稀少的非技術、非主管職缺。再加上戰後經濟蕭條，金價再度重挫、白人勞工工資上漲，進一步加劇礦業的生產成本。因此礦主開始針對工資較高的白人主管、藍領階級，祭出減薪、裁員的手段，同時雇用更多的黑人加入生產行列。

礦主日漸重用黑人勞工的作法，激起白人勞工嚴重的反彈，在 1919 年爆發幾近革命的大規模罷工。這場罷工由國民黨與南非工黨 (Labour Party) 在幕後策動，一些罷工者攜帶了類似共產黨的標語——「世界上的工人團結起來，為白色南非而戰！」不少阿非利加人誤以為這是另一場阿非利加人的獨立戰爭，使得部分軍職人員組成突擊隊，並一舉控制了大部分的金礦產區，藉此要求推翻政府。

面對國內陷入嚴重動盪，揚‧史幕次非常地冷靜，宣稱礦業興衰與聯邦經濟榮枯息息相關，同時保證絕不會漠視白人勞工的

權益。但另一方面，他宣布全國戒嚴，調度二萬名配備有機關槍、大砲、飛機與坦克的軍隊前往鎮壓，最後雖然平定動亂，但是這次罷工活動造成一百五十三人死亡、六百八十七人受傷的慘劇，重挫揚・史幕次及其領導的南非黨聲望，執政陷入危機。

　　經過這波事件後，揚・史幕次所屬的南非黨失去白人礦工、農民的支持，而赫佐格領導的國民黨與南非工黨聯合，在 1924 年的大選中贏得勝利。赫佐格深知民主制度「數人頭」的選票威力，所以上臺後致力於提升阿非利加人的政治與經濟地位，以獲取他們的信賴與支持。在實際作為上，他為白人農民提供更多的信用貸款，調控農產品市場以穩定交易行情。同時為促進工業的發展，於 1926 年通過 《礦業與礦工修正法案》 (*Mine and Works Amendment*)，明文保障白人從事技術性工作的權益。又在 1928 年成立國營鋼鐵公司 (Iron and Steel Corporation)， 為白人創造大量工作機會。國民黨政府一味犧牲黑人權益，來取悅白人工人，明顯地證明阿非利加民族主義、白人至上的意識形態，已逐漸在南非聯邦發酵。

第四節　種族分離法規的頒布

一、南非聯邦時期的種族分離相關法律

　　第二次大戰結束後，影響南非國際形象且造成國內政治動盪不安的根源，就是惡名昭彰的種族隔離制度，但「種族隔離」是

有其歷史淵源，不是在第二次世界大戰後一下子建立起來。若回溯歷史，在非洲的歐洲移民對於非白人，無論是早期的桑人、科伊人或科伊桑人，還是後來的科薩人、最強悍的祖魯人等非洲黑人族群，在接觸並打敗他們後，白人即抱持著戰勝者的心態，在此心態下，難免產生「唯我獨尊」的優越感。但是南非的白人數量卻遠少於黑人族群，白人因此對黑人產生「壓迫」、「歧視」與「種族隔離／分離」的心態，以保護他們在南非的優勢地位。

事實上，在南非聯邦成立之前，各殖民地對非洲原住民權益的看法大不相同，英屬開普、納塔爾殖民地態度較為開放，但阿非利加人（布爾人）人口占多數的川斯華、橘自由邦殖民地，卻較為嚴厲。1910 年南非聯邦成立後，情勢又有改觀，英國裔開始與阿非利加人取得默契，終導致種族隔離制度的誕生。

自南非聯邦成立之初，在路易斯・波塔與揚・史幕次的合作下，對於非白人族群採取分離、壓迫與歧視的政策，而政策則以頒布的一連串法律來落實，同時藉此強化對非白人族群的控制與剝削，並進行土地掠奪。在 1910 年至 1948 年之間，南非聯邦頒布一系列立法來進行種族分離：

表 1：1910–1948 年的種族分離相關法律

法律名稱	目的與影響
《礦業與礦工法》 (*Mines and Works Act, 1911*)	保障白人在全國各礦業與鐵路單位取得技術性工作的特權

《原住民勞工管理法》 (*Native Labour Regulation Act, 1911*)	為防止工人流失，規定中斷雇用合約為非法行為，使黑人勞工即使不願工作，亦無法中途解約
《原住民土地法》 (*Native Land Act, 1913*)	強制黑人限居於占全國約 7% 的保留地，並禁止其購買、租佃或占有保留地以外的土地，若已在非保留地擁有土地者，則政府可合法驅離
《原住民城區法》 (*Native Urban Areas Act, 1923*)	除在白人區域工作的黑人外，限制黑人進入白人城區
《原住民行政法》 (*Native Administrative Act, 1927*)	設立專門管理原住民的行政機關，並給予無限的權威，如可任命酋長或其它領導者，也可重新劃定部落界線與安置部落
《原住民代表法》 (*Representation of Natives Act, 1936*)	剝奪了開普原住民自 1854 年以來就有的投票權，建立僅有顧問性質而無實權的原住民代表委員會

以上種種歧視性的立法，包含了對人身自由的侵害，以及剝奪土地所有權與有限參政權，正大光明地進行差別待遇，因而導致了印度裔、有色人種與黑人等非白人族群的反抗。

二、印度裔與有色人種的反應

大部分的南非印度裔，是 1860 年代移居南非種甘蔗的契約勞工後代，他們信仰印度教且大多居住在納塔爾省、川斯華省南部，

他們之中也有不少人從事商業，有些人甚至很富有。然而印度裔被歸類為有色人種，其政治、社會地位與廣大的黑人族群相等，同樣受到白人的歧視與壓迫，直到甘地旅居南非期間，掀起印度裔的抗爭風潮，雖後來未克竟全功，但亦有不少建樹。

1893 年，年僅二十四歲的甘地，為德班的一家商業公司雇用，不到兩年光景，就成為一位成功且富裕的律師。他有天從德班搭乘火車赴外地，故意乘坐白人專屬的第一級車廂，藉此抗議種族歧視，但他先是被柔性勸至三等車廂，又因甘地嚴正拒絕而被趕下車，並遭留置在車站候車室，度過一個沒有燈光的寒冷夜晚。此經驗讓他感受到難以忍受的歧視與不公，也從那時開始，甘地意識到印度裔在南非頗受歧視，乃立志為同胞爭取權益。1907 年時，殖民地政府對印度裔的不公平舉措達到頂點，因為新法規定所有亞洲裔須強制登記、蓋手印，若無政府核發的文件，就可能被課以罰金、監禁或驅逐出境，而甘地為此首度與揚‧史幕次政府發生衝突。

甘地旅居南非的二十二年期間，深受當地印度裔景仰，他是一位和平主義者，教導印度裔若想享有大英帝國的公民權利，就得先盡公民義務。而在第二次布爾戰爭期間，甘地雖然同情布爾人處境，但他還是組織、訓練了一千名印度醫護兵團，以支持英軍作戰，希望藉著對大英帝國的效忠，來換取戰後改善南非印度裔的待遇。但是他們的期待終究落空，導致印度裔在戰後屢發大規模抗爭。

身為律師的甘地，躬逢起草南非聯邦《憲法》的盛事，並曾

試著以體制內的管道，來爭取印度勞工家庭的移民、旅遊等種種權利。而他亦曾領導納塔爾地區的煤礦、甘蔗工人示威，抗議殖民政府限制印度勞工財產與經商等權利。

　　他也在南非試行了「非暴力抵抗」，確實鼓舞印度裔勞工的反抗精神。1913 年，甘地因契約工、人頭稅、幼童稅等問題，再次挑戰揚・史幕次政府，這次抗爭產生不少迴響，一路從納塔爾漫延至川斯華。雖然甘地於 1915 年返回印度，也未完全扭轉南非印度裔的地位，但是在他領導下，投票稅被取消了、印度教的婚姻也被承認。甘地返回印度後，於 1923 年爭取到設置印度議會的權益，如此成就，鼓舞了南非非白人族群爭取權利的信念。

　　相較於黑人、印度裔，有色人種在情感上較無強烈反抗白人政府的傾向。南非聯邦成立之初，大約有五十萬名有色人種，而且主要居住在開普／好望角省，他們大多是農場工人，或是在城區擔任傭人工作，普遍貧困、文盲。有色人種最在意的是他們的公民權、有限選舉權是否能維持，而在南非聯邦成立以前的開普殖民地，尚未有歧視性的立法，可是聯邦政府成立後，卻不斷地歧視有色人種，尤其在川斯華、橘自由邦省頒布許多的歧視性法律，使得居於開普／好望角省的有色人種，開始擔憂總有一天將失去既有的權利。在 1905 年時，一位在蘇格蘭受教育的醫生阿卜杜拉曼 (Abdullah Abdurahman, 1872–1940)，當上了代表有色人種權益的組織──「非洲人民組織」(African People's Organization, APO) 主席，這是一個擁有二萬名會員的組織，阿卜杜拉曼畢生致力聯合黑人族群爭取平等權利。

然而無法否認的是，有色人種雖願意與黑人族群合作，但因為他們是黑、白混血，所以在情感上較偏向於白人而非黑人。一直到 1990 年代，ANC 政府上臺後，仍表現出對黑人統治下的南非感到恐懼。即使是 21 世紀的投票行為，開普地區的有色人種仍較少支持 ANC，多支持代表白人利益的民主聯盟 (Democratic Alliance)。

三、黑人族群的反抗

相較於印度裔與有色人種，黑人族群受到白人政府最直接的歧視、差別待遇。1910 年時，南非聯邦約有四百萬名黑人，且大多集居在偏遠的郊區，但是有愈來愈多的黑人，因工作需要而移居到城區。1913 年通過的《原住民土地法》，引起廣大黑人族群的反抗，「南非原住民民族議會」（South African Native National Congress，即 ANC 的前身）向駐開普的英國總督與議會抗議，甚至組織代表團赴倫敦國會提出訴願，希望廢除該法，但沒有受到理會。第一次世界大戰期間，非洲人對英國表現出十分忠誠的態度，約有三萬四千名黑人志願參軍，協助英國政府入侵德國屬地西南非，另約有二萬名黑人遠赴歐洲戰場，協助英國作戰。儘管黑人對一戰甚有助力，但戰爭結束後，歧視仍未消除，反而不斷地增長。

1920 年，一位科薩族出身的教會牧師瑪吉季馬 (Enoch Mgijima, 1868–1928)，率領他自稱為希伯來子民 (The Israelites) 的信徒，在開普／好望角省的皇后鎮 (Queenstown) 布荷 (Bulhoek)

地區聚集慶祝踰越節，他們乘機示威遊行，提出減稅、自治和改變土地政策等種種訴求，並吸引大量民眾響應，引起了警方注意。警方要求群眾解散，但抗議者拒不領受，在一連串的衝突下，警察竟然開槍鎮壓，造成一百六十三人死亡與一百二十九人受傷的慘劇，此為著名的布荷大屠殺 (Bulhoek Massacre)。這是場嚴重侵害人權的重大事件，然而 1920 年代的國際人權觀念仍然淡薄，通訊既不方便也不迅速，自然無法引起太多國際迴響。

　　第二次世界大戰爆發時 (1939 年)，南非聯邦仍然持續進行種族分離統治，讓白人緊緊掌握政治、經濟權力。不少黑人族群以為，戰後的待遇不會更差，但是很不幸的是，在 1948 年後，南非由強烈阿非利加人民族主義的國民黨執政 ， 馬蘭 (Daniel F. Malan, 1872–1959) 擔任首相，確立並深化了以往種族分離政策，建立起更制度化、非人道與嚴峻的「種族隔離制度」，使黑人族群的處境更加惡化。

第九章 *Chapter 9*

種族隔離制度時期的南非

第一節　實施種族隔離制度的背景

　　要瞭解種族隔離制度，如果不從阿非利加人民族主義者關注物資、社會地位的主觀心理層面去思考，是無法得知真相的。1934 年，南非國民黨內部分裂、改組後，力爭排除英國在南非的政治影響力，同時將解決貧窮白人問題列為其核心黨綱。當時，南非白人族群與阿非利加人占一百萬餘，但其中卻約有三十萬人是生活於極度窮困的水準。直到第二次大戰結束時，南非經濟發展繁榮，所以白人一般福利也獲得改善，但是國民黨仍然覺得阿非利加人的地位還是不穩固，因為約有 41% 的阿非利加人是藍領階級，或是其它靠體力活謀生的工人，只有 27% 是白領階級，其餘則是散布各地的農民。而且戰爭結束，軍人紛紛復員，對就業市場形成一股極大的壓力，再加上有不少黑人在參戰期間學會一些技術，回國後得以從事技術需求較高的工作，卻引起國民黨內

部分失業人員的廣泛關注，因為許多企業寧願以廉價工資聘用黑人從事技術、半技術工作，不願雇用薪資較高的白人。再者，由於時代變遷，奠定南非經濟基礎的礦業逐漸轉型為製造業，不少技術勞工為半自動化機器所取代，衝擊了白人族群的就業市場。

1948 年選舉前夕，國民黨出版了一本名為《國民黨膚色政策》(*The National Party's Colour Policy*) 的小冊子，該文宣中明列了兩個標題：⑴白種人優越論 (Maintenance of white race as highest goal)；⑵分離發展黑人福利 (Welfare of blacks in developing separately)。這本小冊子，標示著國民黨拒絕讓所謂「文明（白人）」與「非文明（黑人）」者站在同一政治結構下而享有平等地位，取而代之的是「種族隔離制度」，以追求與維持「純白種人的環境」來確保種族和平。顯然地，國民黨推動的是「白人至上，黑、白分離」的國度。所以 1948 年大選的結果，國民黨獲得廣大白人勞工階級的支持，以當選七十席而取得執政機會，緊接著逐步遂行其種族隔離制度。

第二節　種族隔離制度的建構與實施

一、種族隔離制度的建構

1950 年，總理馬蘭任命斯坦蘭博斯大學教授湯姆林森 (Frederick R. Tomlinson) 召集南非種族事務局 (South African Bureau for Racial Affairs) 成員，組成專門委員會設計一套能夠落

實種族隔離政策的制度。湯姆林森於
1955 年提出報告，做出「種族必須分
離」的建議，他認為只要政府肯花錢
就可以執行，他建議將保留區劃分成
七塊，做為黑人專屬的黑人家邦
(Black Homelands)，如祖魯人家邦或科
薩人家邦。他估計未來十年，政府得
花費約一億四百萬英鎊來改善黑人家
邦的農場，並在邊界上設立工廠，以
利黑人家邦提供足夠的工作機會讓其
自足，同時減少黑人因工作需要而進

圖 29：馬蘭總理

出、居留白人區域的機會，進而避免讓白人成為白人區域的少數。

　　湯姆林森所提的報告，獲得白人族群歡迎，然而他錯估兩個
發展趨勢，一是錯估了黑人人口的成長速度；二是白人並未快速
且成功地在黑人家邦邊區設立許多工廠，以吸引黑人勞工至邊區
工廠工作。更糟的是，政府無心於改善黑人家邦的農業與商業環
境。在此情形下，迫使黑人難以在黑人家邦生存，紛紛前往白人
城市尋找工作機會，卻又受到種族隔離法規的限制，常有被驅逐
的困擾與壓力。且往往在驅逐的過程中，時常發生嚴重的衝突，
不時傳出有人喪命的消息。

　　僅管湯姆林森的報告不甚周延，然而到了 1950 年代末，仍有
一些被稱為「白人至上」(Basskap/White Supremacy) 的法律被制
定出來並強力執行。它們比 1948 年前的種族分離法律更嚴屬、嚴

密，以下將 1948 年以後的種族隔離法律之名稱、目的與影響臚列
如下表：

表 2：1948 年以後種族隔離法律之名稱、目的與影響

法律名稱	目的與影響
《禁止跨種族通婚法》 (*Prohibition of Mixed Marriages Act, 1949*)	跨種族通婚為非法行為
《人口登記法》 (*Population Registration Act, 1950*)	此法為推動黑白分離的重要基礎，強迫每位南非人登記入個別的族群類別，政府方能據此區別並加以隔離。但問題是跨種族的混血後代如何確切定位？也讓一個有色人種的家庭中，出現分屬不同的種族的成員
《共產主義壓制法》 (*Suppression of Communism Act, 1950*)	宣布共產黨與一些旨在藉由製造不安與社會失序，企圖改變政治的團體均為非法
《原住民法修正案》 (*Native Laws Amendment Act, 1952*)	進一步控制黑人族群進出城區的自由
《通行廢止法》 (*Abolition of Passes Act, 1952*)	強迫居於白人區域內的黑人，要攜帶通行證或有身分證明文件，若無相關文件，則被視為非法居留，此法由警察強制執行。這些證明文件得時常更新，所以政府辦公處總是排滿更新資料的人
《團體區域法》 (*Group Areas Act, 1950*)	讓政府據此劃定那些區域屬於白人區，並明示那些地區為黑人禁止進入，更不得在該區有財產。黑人不僅被驅離，甚至得轉讓財產

《差別待遇法》 (*Separate Amenities Act, 1953*)	在所有的公共服務與公共空間，均需標明「僅歐洲人／白人可用」或「僅非歐洲人／非白人可用」字樣
《班圖教育法》 (*Bantu Education Act, 1953*)	政府完全控制黑人教育，黑人學校除教授母語，中學後還得學英語與阿非利加語，將重點放在口語與會話，以便將來聽懂白人主人的命令，並非為了要讓黑人在白人區生活而準備。政府也關閉了不少培育黑人異議分子的教會學校，統一將各省的黑人教育交由原住民事務部管轄，教會或黑人學校均需得到批准，否則不予以補助。此法阻止黑人進一步受教育的權利，以避免將來黑人向白人爭取權益與競爭工作

二、種族隔離制度的實施

　　從 1940 年代末至 1950 年代，當世界許多民族正逐步脫離殖民主義的枷鎖，並爭取民族獨立時，南非卻一反世界潮流，在馬蘭總理領導下，加緊進一步地剝削、壓迫非白人族群，彷彿二戰期間，納粹德國 (Nazi Germany) 亞利安人 (Aryan) 優越論的重現。

　　由阿非利加人為主體的國民黨在 1948 年到 1994 年間長期執政，南非也因此執行了將近半世紀的種族隔離政策。國民黨執政時期，內閣閣員清一色都是阿非利加人，他們設計並推動種族隔離制度，因此種族隔離制度可以與國民黨、阿非利加人畫上等號。種族隔離政府為南非的每一位白人、有色人種、印度裔與黑人族群規定了從搖籃到墳墓的生命本質與生活品質。這可簡略區

圖 30：寫著「白人種族專用」的
海灘告示牌

分為兩個面向：小的、瑣碎的種族隔離 (Petty Apartheid) 與大層面的種族隔離 (Grand Apartheid)，前者諸如從出生要在不同醫院，死後則是葬在不同墓園。舉凡南非人日常生活、工作、辦公室、餐廳、商場、學校、劇院、運動場，甚至是海灘、公共廁所、公園長板凳等場所均要黑、白分離。而所謂的大隔離，主要是指土地、政治權利相關的隔離。沃瓦德總理 (H. F. Verwoerd, 1901–1966) 在任內 (1958–1966) 延伸 1913 至 1936 年間的《土地法》，創立黑人家邦，後來總共規畫出十處黑人家邦，使之成為南非境內的獨立國，或是半自治領地。沃瓦德的目的是要將黑人驅趕至這些黑人家邦，讓他們無法成為南非公民，好讓南非成為白人的國家。在政治上，投票與從事公職的權利只保留給白人，讓少數的白人族群牢牢掌控整個南非政治結構。

　　此外，讓黑人行動自由受到極大限制的則是「通行證制度」與《禁止跨種族通婚法》，南非大主教屠圖 (Desmond Tutu, 1931–) 對「通行證制度」的歧視，有段痛苦的經驗，他回憶說：

在這個制度下，所有十六歲以上的黑人都必須攜帶「通行證」，警察可隨時抽查是否攜帶，如果沒有帶在身上就被視為違法，即使你只是買東西忘了帶出來，也無濟於事。黑人沒有權利進入白人城區，每天要記得帶通行證，否則極可能被戴上手銬，塞進一輛輛的軍／警車。堂堂正正的人被關進慣犯的囚室，第二天又被法庭上出奇快的辦案速度搞的大惑不解：每人兩分鐘，很快的就被認定有罪，並處了過重的罰金或是監禁。

而《禁止跨種族通婚法》為部分家庭帶來迫害與困擾，今日美國著名的脫口秀主持人諾亞 (Trevor Noah, 1984–) 感受尤其深刻。諾亞在《以母之名》(*Born A Crime*) 一書中，描述自己是出生於種族隔離時代的約堡，他的父親是來自瑞士的白人，母親則是黑人，他們因相愛而生下了有色人種——諾亞，但一家三口不同膚色，深怕別人認出他們是同一個家庭。有時全家上街時，父親總要走在街道的另一邊，而母親牽著他的手時，只要一看到警察，就得馬上放開；有時候在公園散步，還得跟同是有色人種的朋友一起前往，好讓外人以為諾亞是有色人種家庭的小孩。由於《禁止跨種族通婚法》的實施，起初他的父親也不敢想要有小孩，後來是在母親的堅持下才生下諾亞，其間遭受數不清的橫逆。

另外，南非政府依《人口登記法》將人種分為白人、非洲黑人、有色人種和印度裔等四種不同的種族團體。其中白人被認為是唯一「文明」的人種，故他們可以對其它種族行使絕對的政治

權威，而且白人利益永遠優先於非白人的利益，這裡所指的白人
是指法律認定的白人，條文中將白人定義為「外表明顯是白人，
或一般被認為是白人但外表並不明顯者」。除了四個種族團體的認
定外，南非政府更將黑人族群細分為九種非洲人的次族群（請參
考第二章），至於印度裔則被視為居於南非的外國人。誠如諾亞所
言，在南非的非白人是「生而有罪」(Born A Crime)。

第三節　種族隔離制度的挑戰與壓力

一、1960 至 1990 年代的經濟、社會發展趨勢

　　總體而言，南非的經濟在 1960、1970 年代成長迅速，但在
1980 年代開始趨緩。尤其在 1980 年代末，它進入自 1930 年代以
來最嚴重的蕭條期，此前三十年來的南非人口又前所未有地快速
增加，使既存的社會與經濟問題更加嚴重。

　　1960、1970 年代，南非經濟成長快速得力於礦業與製造業，
尤其是黃金價格與世界經濟景氣呈相反趨勢，如 1973 年世界能源
危機時，黃金價格卻飆漲至每盎司（一盎司約二十八克）八百美
元，南非的金礦公司獲取鉅大利益。在重工業方面，例如鋼鐵或
汽車組裝業，因高科技與引進歐美技術，配合廉價的黑人勞動力
成本，得以將利潤最大化。所以在礦業、製造業、鋼鐵等產業的
加持下，為南非創造了前所未有的經濟榮景。

　　至於影響社會發展趨勢的要素，具體而言有三點：人口增長、

經濟發展遲緩、種族歧視。

　　⑴人口增加，導致黑、白族群的人口比率愈趨懸殊（參閱表3），尤其是白人人口比例減少，黑人人數與比例相對急速增加，組織力也隨之增加。在20世紀的前50年，白人占總人口約20%，但是在1960年代以後，其比例逐年降低，在1980年時白人只占16%，而黑人人口卻超過二千萬，占總人口數的72%。如此情況再持續下去的話，無論是公、私部門的白人人力，都將會嚴重短缺。同時，人口結構變遷也直接影響未來的工業前景。

　　⑵由於白人人口增加率趨緩，使工商業界的老闆們轉而需求黑人投入技術性勞力，事實上自1960年代以來，由於經濟迅速成長，白人早已無法充分提供所需的技術性人力。1971至1977年間，從事技術性職務的白人藍領階級，即僅占全國所需的四分之一，這種缺工的情形，到了1977年年底時更加惡化，有45%製

表3：1910至1996年間，南非各種族人口數目與比例

（單位：百萬）

年代　人種	1910	1936	1960	1980	1996
非洲人	4.0 (67%)	6.6 (69%)	10.9 (68%)	20.8 (72%)	31.1 (77%)
有色人種	0.5 (9%)	0.8 (8%)	1.5 (9%)	3.6 (9%)	3.6 (9%)
印度裔	0.2 (3%)	0.2 (2%)	0.5 (3%)	0.8 (3%)	1.0 (3%)
白　人	1.3 (21%)	2.0 (21%)	3.1 (19%)	4.5 (16%)	4.4 (11%)
總　數	6	9.6	16	29.7	40.1

資料來源：David Mason, *A Traveller's History of South Africa*, p. 272.

造業部門的雇主們，他們無法獲取白人技術性勞工，到了 1980 年時，更高達 80% 的雇主們遇到同樣的困境。在此情勢下，迫使政府不得不進一步對黑人族群開放勞力市場，雇主們也不得不去訓練黑人勞工，並且雇用他們，給予他們更高、更重要的職位與付更多的工資。

此外，在管理人才方面，到了 1980 年代中期，已經有超過二千位黑人擔任經理級以上的職位，黑、白人在礦業、建築、農業與製造業的薪資也同時提高了。在 1960、1970、1973 與 1975 這幾個年代做比較，不難發現黑、白所得差距逐步縮小。此意謂著黑、白財富已重新分配，黑人已經不再是單純的非技術性勞力提供者。而城市黑人所得增加，得以改善居住與增加精緻消費，如此一來，不僅提高生活品質，同時也改變了生活方式。黑人成為重要的消費者，從另一個角度而言，他們也擁有了某種程度的權力。

(3) 1948 年，國民黨獲得選舉大勝，掌權的阿非利加人政府開始在政治、經濟和社會上，以種種措施強化種族隔離，頒布數種具強制性、歧視性的法律，徒增黑、白族群間的矛盾。於是，同一個國家，卻呈現出兩個世界的不同樣貌。

二、種族歧視下的「一個國家、兩個世界」

白人社會當中，由於他們的社經地位通常高出黑人許多，不少人擁有附設游泳池的住家，而通常會雇用黑人男性負責整理庭院，聘請幾乎無所不能的黑人女性從事烹飪、洗衣、照顧小孩，

或是隨侍在側供白人主人使喚。而南非的白人房宅有一個特色，即主人屋子旁邊多會蓋一至兩間只有一個小窗戶，或甚至完全沒有窗戶的小屋，專供黑人僕役居住。

表面上看來，南非白人的生活方式有許多共同點，但說英語的英國裔與講荷語的阿非利加人之間還是有差異，英國裔受英、美文化影響較深，而阿非利加人則與歐陸文化（荷、德、法）較為密切。總體而言，南非白人族群的生活文化較為孤立，政府在1976年以前是禁止電視機輸入的，甚至連收音機也有管制，而有國外旅行、工作或經商經驗的阿非利加人更是少數。而阿非利加男性抽煙、喝酒，且各個是運動狂，他們夏天瘋板球 (Cricket)，冬季瘋橄欖球，加上終年都在普遍設立的高爾夫球場或網球場運動。到了1970年代以後，由於國際文化孤立較為緩和，而白人經濟與教育提升，促使白人出走南非。雖然南非當時仍不盛行女性主義，但許多白人女性更勇於在職場上表現自我，她們不僅工作負責且經濟獨立，白人離婚率也隨之高升，男性支配一切的文化色彩亦隨之褪色。

與阿非利加人相比，講英語的英國裔較有自由主義的文化傳統，他們較敢批評時政，且時常透過報紙批評政府，甚至組織政黨或透過教會來與政府對抗。例如，英國國教派任命屠圖擔任開普敦教區主教，他是英國國教派在非洲的首位黑人主教，也帶有藉此制衡阿非利加人政權的意味。同時英國裔也藉著研究機構或撰寫小說，批評政府的種族隔離制度。

反觀，同一國內的黑人社會處境卻是天差地遠。黑人族群普

遍居於社經地位的最底層,多半居於偏鄉,沒有像樣的交通工具,家中沒有水、電,一家數口擠在一個小屋,小孩上學要走大老遠的路,成人永遠在白人城區擔任僕役工作。由於黑人除了擔任白人家庭的僕役外,是不被允許居住在白人城區,使得黑傭被迫離家,與其家人久久不能團聚。而白人政府為了方便控管黑人勞力,以及維護白人社區的「純淨」,黑人上街、進出城區都要隨身攜帶通行證,否則警察可以現行犯加以拘捕,這是種完全違背人權的惡法與惡政。

當一個國家之內有「天堂」與「地獄」之別,自然會造成人民不滿,進而激烈抗爭,其中最為嚴重且震驚國際社會的事件,即是改變黑人反抗運動本質的 「夏弗屠殺事件 (Sharpeville Massacre)」 ❶。

三、種族隔離制度的國際壓力

誠如美國政治學者艾爾蒙 (G. A. Almond, 1911–2002) 所言,所有政治體系均受到 (1) 國際的接受度 (International Accommodation);(2)國內的分離 (Internal Segregation);(3)資源的動員 (Mobilization of Resources) ;(4)參與和分配等壓力。南非是主權獨立國家亦是國際社會的一員,故無法避免國際間環境因素的影響,特別是種族隔離政策,引起國內反抗與國外施加的壓力,以及國際制裁。

---

❶　有關夏弗屠殺事件,請見本書第十章第二節。

　　國際社會視種族隔離政策為過去殖民主義的殘留，和對基本
人權的迫害。而國際壓力來自於不同層面與方式，有來自其它國
家和國際組織（尤其是聯合國 [United Nations]）的壓力，它們藉
由制裁來迫使南非改善人權。蘭德阿非利加語大學 (Rand
Afrikaans University) 教授格蘭登漢斯 (Deon Geldenhuys, 1950-)
指出，南非數十年來一直受制於外來滲透、干預與孤立。外來壓
力包括了禁止銷售電腦與其它科技產品予南非的貿易制裁，此外
各種文化、教育、學術與運動競賽的抵制，以及斷航、核子能源
方面的終止交流，甚至斷絕外交關係等事件不斷發生，而導致南
非全面地被國際孤立。所以 1970 年代的南非，才會與退出聯合
國、同樣面臨國際孤立的中華民國惺惺相惜，並在 1976 年建交。

　　其實國際孤立早在 1940 年代末就已發生，但仍不普遍，直到
南非爆發「夏弗屠殺事件」後，聯合國大會於 1962 年 11 月通過
決議，要求會員國斷絕與南非邦交，暫停與南非間經濟交流，聯
合國安理會 (United Nations Security Council) 在 1970 年的 282 號
決議案決議禁止售予南非武器、彈藥和軍事裝備。而 1977 年安理
會的 418 號決議案，對南非實施強制禁運，復在該年 12 月再度重
申禁運。在運動競技上，依據 1977 年大英國協的《格倫伊格爾斯
協定》(Commonwealth Gleneagles Agreement) 拒絕南非男、女運
動員參與各種國際競賽。到了 1985 年初，在國際制裁、內部反抗
的雙重壓力下，南非的工商業界呈現出普遍的恐慌狀態。就連執
政的國民黨內部，也出現反對種族隔離制度的聲音，迫使有「巨
鱷」(The Big Crocodile) 之稱的強人總統波塔 (Pieter Willem

Botha, 1916–2006) 不得不有所因應 ， 而逐步 「改革種族隔離制度」，希望藉此減緩國內、外的壓力，並提振經濟。

第四節　波塔總統對種族隔離制度的改革與失敗

一、種族隔離制度改革的進程與內容

　　波塔於 1978 年就任總理，並於 1983 年新憲法通過的次年當選為總統。他是軍人出身的南非領導人，以「巨鱷」盛號而成為廣為人知的強人。他意識到南非所處的國內外情勢，不得不改革種族隔離制度，以緩和 1980 年代更加嚴峻的挑戰。申言之，他對內要排除改革阻力，同時對外也要回應所有反對勢力與威脅者。無疑地，他的改革之路是一條無法回頭的不歸路。

　　當波塔提出將改革種族隔離制度後，人們關注所謂的「改革」

圖 31：波塔總統

是什麼意涵？而波塔則一再宣稱，他的改革不會縮水 ， 而且他提出以下三個改革面向 ， 認為可帶動南非轉型成功。

1.培育黑人中產階級

　　為了增加黑人中產階級群體以穩定社會，1977 年成立了「萊克委員會」(Riekert Commission) 和「威翰委員會」(Wiehahn Commission)，進行研究、改

善工業關係和教育、訓練黑人。委員會最後提出建議，雖然較為技術性且有點冗長，但對於政府政策卻有深遠的影響。委員會建議，要建立、改善工業生產秩序與促進勞資和諧，必須讓勞工擁有工作權、結社權，以及賦予勞、資協商的團體協約權、罷工與怠工權 (Lock-out)，同時建立良好工作環境、教育訓練和升遷的機會。委員會超過 90% 的建議為波塔政府所採納，並且計畫逐年推動與執行，其中勞資關係的改善，更被視為 1980 年代波塔政府的最重大施政。

2. 平衡區域發展

　　「種族隔離」，如此惡名昭彰的名詞，到了 1977 年時，南非官方已很少使用，代之以較委婉的「分離發展」 (Separate Development) 或是「多元民主」(Plural Democracy) 等詞彙。為了實踐「分離發展」的目標，南非政府設計了「黑人家邦」的制度，將黑人族群分別遷移至僅占全國 13% 土地的保留地，並建立自治政府，計畫讓這些自治區有朝一日能成為獨立的國家，逐步排除他們的南非國籍，使南非的白人人口比例不會愈來愈少。而事實上，直到戴克拉克總統於 1991 年廢除所有種族隔離法律之前，就已有數個由南非政府一手建立起來的「國中之國」 ——川斯凱（Transkei，1976 年建立）、波帕波茲瓦那（Bophuthatswana，建立於 1977 年）、分達（Venda，1979 年建立）與西斯凱（Ciskei，建立於 1981 年）四個黑人新獨立國家（合稱為 TBVC，即上述四個國中國的原文首個字母），只是全世界除了南非共和國外，沒有得到其它國家承認。 其它尚未獨立的自治黑人家邦， 如雷布瓦

(Lebowa)、廣古魯 (Gazankulu)、瓜恩達貝里 (KwaNdebele)、廣旺
(Kangwane)、昆瓜 (Qwagwa)、瓜祖魯 (Kwazulu) 則是處於自治的
地位。為了均衡區域發展，南非政府還撥補經費給這些獨立國家
與自治黑人家邦。而且南非撥給的經費，占這些家園絕大部分的
預算，換言之，這些家園得仰賴南非政府資助，才得以運作。

南非政府的終極目的，是完全剝奪境內黑人的南非國籍。
1985 年 5 月 24 日，南非憲法發展與計畫部 (Minister of
Constitutional Development) 部長荷努斯 (J. C. Heunis, 1927–2006)
發言：「政府啟動改革黑人政治權利，而重點有：⑴創造一個給予

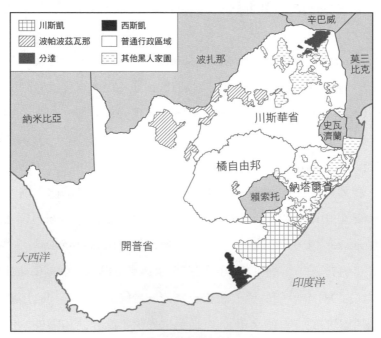

圖 32：黑人家邦範圍圖

黑人實質政治權利的民主機制；⑵和所有追求和平、解決問題的人和組織一同合作；⑶持續地改革民主與社會經濟；⑷不受其它團體支配的團體自治；⑸接受法治原則，以妥協方式重新分配，維持社會穩定，並不得對任何種族與族群進行歧視。

3.賦予有色人種、印度裔參與國會的機會

　　1972 年時，波塔曾用阿非利加語解釋民族與國家的差別，他說有色人種是國家 (Nation) 的一部分，Nation 這個詞指涉的是「國家」(State) 而非族群文化 (Ethnic-Cultural)、民族 (Volk) 的概念，其實這是最早有將有色人種、印度裔併入國會，且合併成為三院制議會體制 (Tricameral Parliament) 的計畫。

　　1976 年，當有色人種參與一系列（尤其在開普敦地區）的暴動後，阿非利加語媒體更加明確地呼籲，應促進阿非利加人與有色人種間的政治整合。但部分阿非利加人認為，若接受有色人種進入國會，無可避免地將來也得接受城市黑人享有政治權利。但事實上，南非政府當時並無此構想，因為它原本就不是真心地與有色人種、印度裔分享權力，而只是形式上扶植、籠絡他們，使之與白人結盟，來共同對抗黑人而已。

　　直到 1983 年，在形式上給予有色人種、印度裔分享權力的新法源——《1983 年憲法》終於通過。依該憲法規定，有立法權力的國會在白人占總數多數的設計下，由三個議院 (Chambers)——白人組成的下議院 (House of Assembly)、代表有色人種的眾議院 (House of Representatives)，以及印度裔組成的代表院 (House of Delegates) 組成。又該憲法規定，國會議案可分為兩種，一為屬

於各種族團體的「自家事務」(Own Affairs)，諸如涉及到各種族內部的文化傳統、生活方式等事項，可在自己所屬種族的議會中自行管理與決定之；二為屬於「自家事務」事項以外的「一般事務」(General Affairs)，諸如全國性質的國防、外交、司法等一般事務的議案，都要提到三個議院來討論，如果某些議案的屬性不明，則總統可經由特定程序決定它的屬性，或交由「總統委員會」提出建議。在此憲法的設計下，有色人種與印度裔代表，對一般事務的法案實難以置喙，更遑論有決策權力。因此，即便新憲法的國會容納了有色人種與印度裔，但不僅後者並未領情，且因刻意排除黑人，更引起廣大黑人族群的極度不滿。

二、注定失敗的不徹底改革

事實上，波塔從未真心廢止種族隔離制度，畢竟該制度不僅是阿非利加人實踐民族主義的工具，更是維持他們政治、經濟利益的最佳手段。他只是想藉形式改革，來減緩國、內外壓力。面對 1980 年代以來的困境，波塔總統曾在 1984 年露骨指出：

> 外在的壓力不能決定我們要如何行動，我們的理念是對的，對我們的國家也是好的，我們國家的每個族群必須要激勵我們邁向未來。南非位處於兩大洋之間，但不表示我們就要隨之漂流，對外開放並非表示缺乏自己的意志……。當我們決定要與鄰國合作時，也是為了自己的國家利益，而非表示為了取悅國際社會，但自然地，如果我們的作為被

接受，這也有利於我們的國家與人民。我們以南非能面對
挑戰而自豪，我們可以彎曲，但不會斷裂，我們可以跪下
祈禱，但決不會自己倒下。

　　波塔改革都是基於「權力分享，而不失去控制」(Sharing
power without losing control) 的思維 ， 他堅信唯有國民黨繼續執
政，方能確保改革的進行。有如此思維的改革，自然是導向失敗。
因在真正的民主政治體制下，沒有任何政黨可永遠執政，每個政
黨每隔幾年就要接受新民意測試，民主政治下的多數統治是一個
重要的統治原則，即使是「何謂真正的多數？」，也可能有不同見
解。

　　1980 年代中葉後，世界是一個邁向和平的年代，冷戰日漸緩
和而終告結束，在沒有美、蘇惡鬥的名義下，南非無法再以反共
為藉口來壓迫由蘇聯與中共支持的黑人政治團體。只是波塔牛步
化與不情願的改革，無法滿足國內、外期待，反而提振南非國內
各反對派士氣，即便這些「反對勢力」並未能以武力推翻白人政
權，但是整個 1980 年代，還是讓南非幾近陷入內戰般的無政府狀
態，從而迫使白人政府不得不廢止「白人至上」的種族隔離政策。
艱辛異常的南非反抗運動，在南非歷史上是可歌可泣的一頁。

第十章 | *Chapter 10*

種族隔離制度的終結

　　說到南非黑人的反抗運動，其實早在歐洲殖民時期就有了，不管是針對荷蘭或英國移民，只要有壓迫，就會有反抗。然黑、白衝突，除了 19 世紀 30 年代布爾人與祖魯人的血河之役，或者是英人在 1879 年與祖魯人的戰爭外，黑人反抗運動要從 1910 年（即南非聯邦成立）後才具備全國性，如南非最大的反對勢力——非洲民族議會，其前身南非原住民族議會，也是在 1912 年才成立。

　　由於在 1910 年至 1939 年間，路易斯・波塔和揚・史幕次施行一系列政策以進行種族分離，引起黑人全國性的反抗運動。1948 年國民黨執政後，更變本加厲地實施種族隔離，將黑人的苦難推到極致。而身為南非最大的反對勢力——ANC，則扮演反對種族隔離制度的關鍵角色，無論是非暴力的和平抗爭，或是被列為非法組織後的武力革命，乃至於 1990 年代初，南非進行民主轉型的重大時刻，ANC 都是要角。而自 ANC 分離出來的「泛非洲人民族議會」（Pan Africanist Congress，以下簡稱 PAC）則是另一

個重要政黨。兩黨最初都採取和平手段為黑人爭取平等與自由，但 1960 年「夏弗屠殺事件」爆發後，ANC、PAC 雙雙被宣告為非法組織，才改採以牙還牙的暴力革命。以下將以「和平抗爭」與「武裝鬥爭」兩個階段，介紹主要的反對組織及其活動，並說明廢止種族隔離制度的整個歷程。

第一節　黑人反對派政黨的崛起

　　1912 年起，部分受過西方教育且有政治意識的非洲原住民，組成了南非第一個全國性的非洲民族運動組織「南非原住民族議會」，該組織的創立者大多先在教會接受基礎教育，有些後來赴歐美進修，或是 1905 年以後，在南非東開普地區的黑爾堡大學 (Fort Hare University) 接受高等教育。非洲裔美國政治人物，如布克‧華盛頓 (Booker T. Washington, 1856–1915) 和杜波伊斯 (W. E. B. Du Bois, 1868–1963) 等人的思想，深深影響南非黑人爭取人權的理念，並讓他們建立起反對歧視的思維。他們的政治基地則位於曾有選舉權，且有許多「文明非洲人」(Civilized Africans) 居住的開普省。1923 年，「南非原住民族議會」更名為「非洲民族議會」，繼續領導抗爭，直至最後執政。

　　1930 年代末，ANC 有名無實形同虛設，直至 1940 年 12 月起，祖馬 (Alfred B. Xuma, 1893–1962) 當選為主席，在他的領導下，ANC 在許多地方組織分會，並逐漸恢復活動而活絡起來。然而祖馬非常反對激烈手段或群眾示威遊行，使部分年輕的黑人菁

英不斷抨擊 ANC 領導階層習於妥協，對爭取黑人權利毫無作為。於是曼德拉、 席蘇魯 (Walter Sisulu, 1912–2003)、 譚波 (Oliver Tambo, 1917–1993) 及律師藍比德 (Anton Lembede, 1914–1947)等青壯派，另組非洲民族議會青年團（ANC Youth League，以下均簡稱 ANC 青年團），作為 ANC 中較激進的附屬團體。ANC 青年團反對祖馬主席的領導風格，希望發動群眾示威來對抗白人政權，他們認為黑人因被壓迫而失去自信心，唯有群起反對白人統治，才能建構其信心。1949 年，ANC 接受了 ANC 青年團的「行動方案」 (Programme of Action)，意即將採取更積極的非暴力手段、示威抗議，來爭取黑人族群的權益。

而 PAC 原是 ANC 在川斯華省的分部，早在 1950 年代初期，部分奧蘭多 (Orlando) 的 ANC 青年團團員， 不滿其它種族加入ANC 的鬥爭行列，所以一些堅持「ANC 為非洲人的 ANC」的領導人物， 如勒巴洛 (Potlako Leballo, 1915–1986) 與莫特芬 (Zeph Mothopheng, 1913–1990) 等， 另外在 ANC 內部成立 「非洲人聯盟」 (Africanist Bloc)， 最後脫離組織而成立 PAC， 索布克 (Sobukwe, 1924–1978) 與勒巴洛則分別被選為主席與秘書長。

PAC 與 ANC 的最大不同點，是 PAC 堅決反對白人、共產黨分子加入鬥爭，而且不滿 ANC《自由憲章》(*Freedom Charter*) 的目標是與其它種族妥協。PAC 主張非洲黑人族群要形塑自己的命運，身為被剝削、被壓迫最嚴重的黑人族群，要站在鬥爭的最前線。主席索布克在 1959 年清楚指出：「我們政治的目標是『非洲人為非洲人組織一個非洲人的政府』，而這個政府裡面的成員僅是

忠於非洲，而且準備接受非洲人作為絕對多數的民主統治。」

1960 年，PAC 發起反抗《通行證法》，甚至釀成「夏弗屠殺事件」，導致他們被列為非法組織。PAC 成員被迫逃出海外，同時在國外建立武裝力量，然而又歷經了派系分裂，使得他們所能動員的反抗力量十分有限，例如 1976 年的「索威托事件 (Soweto Uprising)」中，PAC 的影響力無法和 1960 年時參與「夏弗屠殺事件」時比擬❶。除此之外，PAC 的意識形態是結合傳統非洲人民族主義與毛澤東思想 (Maoism)，故在國際合作上，有別於受到蘇聯支持的 ANC，PAC 反而是受到中國共產黨較多的支持。

暴力不是解決問題的良策，但是當用盡一切方法，公理與正義仍然無法獲得伸張時，暴力常變成是解決問題不得已的手段。自 17 世紀以來，歷經荷蘭殖民地、英國殖民地、南非聯邦再到 1960 年代以後的南非共和國，每個階段的南非都一樣，當黑人面對白人政府的欺壓，先是和平抗爭未果，且受到殘酷殺戮後，才不得不轉為以暴制暴的武力革命。以下先討論和平抗爭時期的反抗運動。

第二節　和平抗爭時期

ANC 的前身「南非原住民族議會」在 1912 年成立後，曾派代表團至倫敦抗議南非政府的《原住民土地法》的掠奪與剝削，

---

❶　有關索威托事件請參閱本章第三節。

後來黑人採取抗議、抵制、杯葛、示威與遊行，都屬於非暴力的和平抗爭。在這段和平抗爭時期，最值得一提的是 1955 年糾集許多有識之士所發表，用以爭取人權的《自由憲章》，以及白人政府在 1956 年荒謬的「叛國大審判」(Treason Trial)。

一、《自由憲章》與「叛國大審判」

任何的反對運動都需要價值與信仰，方能固結人心、糾合群力從事運動。1955 年 6 月 26 日，ANC 與其它的反對組織，在約堡附近的克利普敦地區 (Kliptown) 聚會，他們稱是次聚會是「人民議會」(Congress of People)，此會議起初是頒獎給三位捍衛人權有功的人物，分別是：⑴黑人教區中，長期反對政府透過《團體區域法》來破壞教區團結的英國神父哈多斯登 (Trevor Huddleston, 1913–1998)；⑵印度裔領袖達杜 (Yusuf Dadoo, 1909–1983)；⑶甫就任 ANC 主席的盧圖利 (Albert Luthuli, 1898–1967)。這三人只有英國神父出席領獎，其它兩位因被政府限制行動，而無法參與此次歷史性的政治聚會。在頒獎結束後，ANC 趁機宣讀事先收集人民意見所彙集成的《自由憲章》，再經現場人民批准通過，爾後成為自由鬥爭與國家未來發展的方針。

但當天活動受到警方嚴密監控，到了下午三點多，當與會人士正在討論憲章時，十五位配備輕機槍的警察突然包圍講臺，向群眾聲稱他們已觸犯叛國罪，警察隨即逐一登記與會人士，同時沒收會場文件、海報與相機底片，許多人因此被逮捕。但當警察忙於登記時，部分人士將文件攜出，馬上經由個別團體發動百萬

人簽名，為《自由憲章》背書，憲章爾後成為黑人抗爭活動的最高宗旨。憲章前言宣示由包括黑人、白人在內，共同建立政府的目標，下開計十個條款，所揭示的理念如下：

1. 人民有權治理國家。

2. 國內各民族一律平等。

3. 國家的財富為人民所共享。

4. 耕者有其地。

5. 法律之前人人平等。

6. 人人均享有人權保障。

7. 人人享有受保障的工作權。

8. 學習與文化之門應被打開。

9. 人人應有舒適安全的住家。

10. 創建和平與友善的家園。

《自由憲章》被一些政治分析家視為強調非種族、也強調自由與個人權利和諧包容的文件。雖然它部分蘊含「國家化」的本質，但這並不意謂它反對私有財產權。然而南非白人政府卻將這個從現代眼光看來，只是陳述民主、自由與人權理念等普世價值的文字宣言，列為禁止宣讀、公開流傳的文件。此文件爾後成為引領 ANC 前進的標的，再持續近四十年後，終於納入民主南非的新憲法。

「人民議會」解散後，白人政府對人民議會的參與者進行追訴。1955 年 9 月，政府突襲了五百位參與人民會議的群眾住處，企圖搜索出更多與《自由憲章》有關的文件，或是煽動性言論的

關鍵證據，以作為嚴格審判的證據。隔年 12 月，政府以「叛國罪」罪名起訴了一百五十六人。此外政府又企圖將《自由憲章》與共產黨相連結，藉此以「圖謀暴力革命」罪名加重其刑期。整個叛國大審判纏訟整整五年，同時弱化了反對運動的力量。雖然整起因《自由憲章》所引起的叛國大審判，在 1961 年時最後一批三十人也都獲判無罪後，宣告這場荒謬審判結束，但很不幸的是，前一年爆發的「夏弗屠殺事件」，再度引燃黑人族群的強烈怒火，並且徹底改變了原本「和平抗爭」的反對手段，轉為地下化的武裝鬥爭。

二、夏弗屠殺事件與和平抗爭時期的結束

1959 年 7 月，PAC 宣布在 8 月發起「反對《通行證法》運動」，希望在 1963 年以前廢除《通行證法》。8 月時，共有來自全國一百零一個分會，聚集約二萬五千名民眾發出呼聲，希望非洲人在每天生活都能獲得尊重。到了 12 月，PAC 只號召到約三萬人抗議，不到原先預估十萬人的一半。不過這場 PAC 所發動的抗議，其實並不孤單，因 ANC 與其它組織也決定，將會在 1960 年 3 月 31 日走出來聲援。

1960 年 3 月 21 日的早上，抗議活動在不少城鎮展開。在靠近范德拜爾帕克 (Vanderbijlpark) 附近的波菲隆 (Bopholong)，約有三千名群眾包圍地方警察局，且持續近八小時，在他們被警方以催淚彈和棍棒驅離的同時，抗議者也以石頭回敬警察和私人車輛，結果警方以槍擊報復，兩名黑人被射殺身亡。另一方面，

PAC 也在當天早上率領群眾至川斯華省奧蘭多的警察局示威，雖他們立即被捉，然而在距離奧蘭多五十六公里、靠近弗依尼芬的夏弗 (Sharpeville)，則因過多群眾聚集在警局鐵絲網外，當鐵絲網將被群眾擠壓而破壞時，一名警察在未得到命令下開槍，其它警察也跟著開火，總共造成六十九人死亡與一百八十人受傷的慘劇。此緊急狀態持續幾天後，南非國會就提出禁止 ANC 與 PAC 活動的法案。武力鎮壓與禁制政治反對組織的作為，激化了南非內部對立，也成為國際社會關注的焦點，同時也導致了國際社會對南非的制裁。

圖 33：夏弗屠殺事件罹難者　圖中可見排列整齊的棺木。

第三節　武力鬥爭、群眾暴動交互運用時期

一、ANC 的武裝鬥爭

　　ANC 與 PAC 發起和平反抗運動，卻遭受白人政府的武裝鎮壓，甚至被認定為非法組織，使得和平反抗頓失目標與希望，被迫改採武裝鬥爭來回應血腥對待。首先是曼德拉為 ANC 建立「民族之矛」(uMkhonto we Sizwe) 做為地下化的游擊部隊，並在南非及鄰近的國家訓練武裝抗爭的力量；而較為激進的 PAC 則建立一支稱做「巴哥」(Poqo)，後來改名簡稱「阿布拉」的「阿薩尼亞人民解放軍」(Azanians People Liberation Army, APLA)，做為它的軍事側翼 (military wing)，並高唱「殺死布爾人、殺死農夫」、「一顆子彈、一個移民」（泛指歐洲移民後代）等極端口號。此後，兩個已經被認定為非法組織的武裝力量，採取暴力抗爭、積極參與各場國內暴動，不斷地挑戰南非白人政府，逼使他們放棄種族隔離暴政。

　　民族之矛首次的攻擊破壞行動，就定在阿非利加人熱烈慶祝血河之役一百二十三週年的 1961 年 12 月 16 日。民族之矛最初僅將破壞目標設定在政府的財產、設施（如電塔），而且盡量避免傷及無辜，然而數年後民族之矛的炸彈攻擊，就連無關民眾也受到波及。民族之矛在曼德拉被捕（1962 年）後曾經沉寂十五年，直到 1980 年代初期又開始恢復行動，且受到 1976 年的「索威托

事件」、政府鎮壓與國際壓力等因素助威，它的力量、破壞力均更為強化，嚴重威脅種族隔離政府。

二、「索威托事件」及其影響

索威托 (Soweto) 位在約堡西南方，是南非最大的黑人城鎮，但對於白人族群而言，此地是所謂的「不可去之地」(None go area)，因白人只要踏入當地，將隨時引來殺機。1976 年的「索威托事件」，爆發主因是政府規定黑人學校的半數課程，都要以阿非利加語教學，黑人對白人政府教育政策早已不滿許久，此舉無異是火上加油。

對黑人而言，阿非利加語不僅是壓迫者的語言，實用性亦非常有限，因為世界上除了南非的阿非利加人之外，沒有國家或民族將此語作為通用語言。南非政府欲推動阿非利加語的普遍化，目的是讓黑人在提供僕役時能聽懂白人雇主的命令，同時也藉由語言來影響、控制黑人的思想。相較之下白人學校，不僅校風自由、班級人數少、又有合格教師任教，政府給予白人的教育預算也非常充裕。反觀黑人還得要付學費，接受不良師資與忍受擁擠的上課環境，皆是黑人長期對白人政權不滿，並爆發「索威托事件」的主因之一。

此外，黑人失業率大增亦是爆發主因。當時在川斯凱的黑人家園，正要轉型成為完全獨立的黑人家邦，所以很多在城市工作的黑人，擔憂將被強迫移居到已經過分擁擠的黑人家邦。而在索威托，由於政府興建住屋的進度非常緩慢，人多屋少，讓黑人認

為這是要將他們驅逐至黑人家
邦的信號，而引起不安與騷動，
配合著強迫以阿非利加語教學
政策的推波助瀾，終釀成事件的
爆發。

　　暴動起初只是示威抗議，來
自各黑人鄉鎮的學童為了抗議
政府的語言教育政策發起罷課
遊行，約有一萬五千人參加，一
路上也吸引愈來愈多學童加入。
他們之前的抗議可以遊行到更
遠的地方，但此次軍警將鎮暴車
擋住示威遊行學生的去路，並要

圖 34：索威托事件　索威托事件
警方開槍，學童爭相奔逃的慘狀。
這張照片讓國際大為震驚。

求遊行群眾解散，而學生不從，警察便施放催淚彈，無效後再開
槍射擊，殺死兩名孩童，學生們在槍聲中紛亂奔逃，造成數十人
受傷。警察槍殺學童的消息觸動了群眾忿怒與暴動浪潮，連印度
裔與有色人種學校學生亦加入暴動，於是此騷亂很快地擴散至整
個川斯華省、開普省甚至全國。而遊行參與者抱著「索威托事件」
中第一位被射殺的幼童——彼德森 (Hector Petersend, 1963–1976)
的遺體哭喊、狂奔的相片，火速傳遍全世界，引起國際震撼。

　　暴動持續延燒，一些警察局、政府機關和國營啤酒廠陸續受
到攻擊，學生們關閉或破壞黑人城區的店面與商業活動，用石頭
攻擊經過轎車（因為轎車多數是白人駕駛）或阻擋巴士，學校因

而被迫關閉。雖然獨尊阿非利加語教學的政策後來被取消，學校也在一個多月後重新開放，但當學生們重返學校時卻發現警察駐守在學校，意圖逮捕發動暴動的學生領袖，再度引起學生們的罷課。「索威托事件」幾乎延燒了整個 1976 年下半年，依據官方通常低估的統計顯示，整起事件總共有五百一十五人死亡與二千三百八十九人受傷。

黑人在 1976 年以前的武力反抗與破壞行動，較沒有那麼成功與普遍，但是白人政府在「索威托事件」中大舉屠殺，大大加深黑人對種族隔離制度的仇恨。「索威托事件」後，讓 ANC 與民族之矛能爭取到更多有知識、有能力與有理想的生力軍加入。1976 年年底，就有數千名青年加入民族之矛的鬥爭行列。而鄰國莫三比克於 1975 年脫離殖民統治獨立，更成為 ANC、民族之矛最方便滲透、招募新血，及訓練武裝力量的革命基地。換言之，「索威托事件」壯大了 ANC 與民族之矛，破壞力也著實增加不少。

依南非警察於 1978 年的估計，ANC 已訓練將近四千名新血，且自 1977 年 11 月到 1978 年 3 月的五個月間，平均每週就有一次的破壞行動；從 1977 年到 1981 年間總共有一百一十九次的攻擊或爆炸案件發生，1981 年至 1984 年間則更嚴重，平均每年發生超過四十八次。而破壞的目標也不同於過去的電塔，已轉移至鐵路、政府機關與公共建築等目標。

ANC 堅稱它革命的戰略乃基於四個支柱：⑴國際對南非政權的立場；⑵武裝鬥爭；⑶國內 ANC 組織地下化；⑷發動群眾運動反抗。1985 年時，ANC 在尚比亞卡布威 (Kabwe) 的諮詢會議

中，宣示將革命本質定位為「結合武裝鬥爭與群眾動員的人民戰爭」。1986 年譚波曾言：「南非武力革命的目的，不是為了最終的軍事勝利，而是藉由武裝鬥爭的手段，迫使普利多利亞當局坐上談判桌。」換言之，這是以暴促談的手段。

三、聯合民主陣線 (The Unite Democratic Front, UDF) 的反種族隔離群眾運動

　　1983 年，波塔總統雖然制定改革種族隔離制度的新憲法，但終究只讓有色人種、印度裔進入國會，仍然排除絕對多數的黑人族群，引起黑人族群強烈的不滿，這是「聯合民主陣線」（以下簡稱 UDF）誕生與成長的最重要因素。UDF 的目標是聯合所有黑人反對團體，永遠結束種族隔離制度，宗教人士如艾倫波薩克 (Allan Boesak, 1946–) 和屠圖主教（他於 1986 年才擔任大主教），還有席蘇魯的夫人愛柏蒂那 (Albertina Sisulu, 1918–2011) 和曼德拉夫人溫妮 (Winnie Mandela, 1936–2018) 均可視為領導人。UDF 組織的成長速度非常快，成功地吸收了宗教界、社區團體、工會、運動團體與女性團體等數百個單位，在 1985 年就突破兩百萬名成員，發言人屠圖主教更在 1984 年獲得諾貝爾和平獎。自此以後，由於諾貝爾得獎人身分，屠圖成為反對種族隔離的代表人物，也增加 UDF 的反對力道與道德力量。1993 年當筆者在南非時，屠圖常出現在電視呼籲「和平、不要暴力！」(Peace no violence please!) 令人印象深刻。

　　UDF 和 ANC 一樣，都是基於《自由憲章》之理念，不過

ANC 等反對組織被查禁二十三年後，UDF 卻成了合法的反對組織，它強調跨種族團結合作，是全方位的全民運動，不是以意識形態為取向的政團，其目的是盡快終結種族隔離制度。自「索威托事件」後，除了地下化的武裝抗爭外，參加 UDF 成為受壓迫黑人的情緒宣洩點，它的成立也代表南非反對力量的重要轉捩點與里程碑。

UDF 領導抗爭是終結種族隔離制度的最後階段。首次的抗爭選在波塔新憲法生效的 1984 年 9 月 3 日，地點在曾是南非抗暴史上有名的夏弗市，但不同的是，這次黑人將矛頭轉向與白人政府合作的黑人同胞。暴力起義者以夏弗市新任副市長與其它二十六名黑人為目標，他們不是被絞死就是被燒死，而在西柏肯鎮 (Sebokeng) 也有數人被殺。對許多黑人而言，武裝暴力成為他們宣洩被壓抑且累積已久的憤怒與失望的最好方式。

黑人對黑人的暴力相向，從夏弗市、西柏肯鎮擴散至全國黑人教堂、學校建築和家園，黑人區域的巴士、私人車輛也被破壞，黑人地方議會、警察和任何與種族隔離政權合作者不是被殺、被毆打就是被迫辭職。而這些暴力行為，多是由控制鄉鎮的黑人激進青年所為，他們以正義使者自稱，在這群激進青年眼中，無論是男性或女性，只要與統治當局合作，或是曾被懷疑向政府當局告密者，都是他們暴力相向的對象。這些激進青年彼此以同志相稱，一捉到與政府合作者或告密者，就會對他們施以一種稱為「戴項鍊」(Necklacing) 的刑罰，將浸滿汽油的輪胎套住受刑人的頸部或身體，然後放火燒之。若是較幸運的告密者，則僅會受到鞭打。

這些激進青年宣稱，他們就是要驅離、殺光所有在黑人城鎮中，與種族隔離政府合作的人，企圖使黑人城鎮陷入無政府狀態。

到了 1985 年，南非暴力問題更形惡化。3 月 21 日，東開普省伊登哈市 (Uitenhag) 的警察戒護一場出殯行列時，卻對送葬人群開槍，殺死二十人、傷二十七人，且大都是背部中槍（此證明警察朝逃散人群開槍），而這一天剛好是夏弗屠殺事件第二十五週年，此令黑人族群情緒沸騰，刺激 UDF 發動數起暴力抗爭，使南非社會治安情況更加惡化。更有甚者，位於納塔爾省的祖魯人根據地，由於 UDF 懷疑南非安全警察曾暗助祖魯人的印卡達自由黨 (Inkatha Freedom Party, IFP) 與之對抗，在消息獲得證實之後，這兩個黑人組織展開全面的暴力對抗，讓南非一度瀕臨內戰邊緣。

由於 UDF 是一個較為鬆散且龐大的組織，它沒有正式領導人，也沒有確切財產與基地，它似乎只有在爆發抗爭時才會出現，往往來無影、去無蹤。如此一來，南非政府難以在 UDF 進行活動前，就加以逮捕或制止。所以南非政府若要追究責任，只好牽連其數百個加盟組織，使南非在國際上呈現常大量逮捕民眾的形象。

第四節　波塔政府的最後掙扎

一、國家緊急狀態的發布

1980 年代中葉，南非面臨前所未有的國內壓力與困境，這個依《1983 年憲法》成立的新政府，最後不得不在 1985 年 7 月 20

日晚上，宣布第二次進入「國家緊急狀態」(State of Emergency，首次國家緊急狀態是在 1960 年 「夏弗屠殺事件」 所引起的危機時)，有三十六個行政區自午夜起實施國家局部緊急狀態。此緊急狀態延續到 1986 年 6 月，整個南非如同全國戒嚴，在此情況下，政府嚴格控制媒體，避免外界得知南非陷入嚴重動盪。

安全部隊在戒嚴體制下，可以充分利用治安人員的身分，策動失業黑人勞工充當臨時速成的治安人員，放任他們對黑人族群暴力相向。在部分城區，有些警察甚至放棄維持治安的責任，放任黑人以暴制暴。如 1986 年中，這些速成治安人員當著警察的面，破壞占用開普敦一處十字路口的帳棚，並屠殺數千人，造成七萬人無家可歸。到了 1986 年底，即使警察擴充權力，任意拘捕了三萬四千人，許多反政府組織也被查禁，多數領導者被捉，但對於社會治安與穩定仍無濟於事，波塔總統似乎無計可施，使愈來愈多的黑人相信自由之日不遠了。 波塔總統無法解決南非自 1976 年以來的內部動亂，也連帶導致種族隔離政府內部分歧，執政的國民黨甚至因此分裂，而改革失敗後的國際制裁也加劇了。

1986 年 5 月，丹麥正式以法律禁止與南非進行貿易，而瑞典與挪威也在 1987 年跟進 ； 1986 年 9 月歐洲共同市場 (European Economic Community) 部長會議決定 ， 原則上禁止從南非進口金幣與鋼鐵。而最支持南非的美國與英國，由於主政的柴契爾夫人 (Margaret Thatcher, 1925–2013) 與雷根總統 (Ronald Reagan, 1911–2004) 是強烈的自由貿易信仰者 ， 反對任何形式的經濟制裁，加上南非是英國與美國重要反共盟邦，所以對南非進行經濟

制裁，顯得漫不經心，但英、美兩國民間，卻早已風起雲湧地要求經濟制裁南非，迫使雷根在 1987 年向國會提出《綜合反種族隔離法》(*Comprehensives Anti-Apartheid Act of 1986*)，呼籲南非政府取消「緊急狀態」、釋放政治犯、制定終止種族隔離法令的時間表、結束對鄰邊國家的軍事與準軍事行動，以及啟動與各政黨代表政治協商。

　　到 1988 年底，在美國有數十個反種族隔離聯盟，外加二十三個州與超過七十個美國城市，共同發起拒絕投資南非相關的股票。南非承受來自英、美與其它西歐國家前所未有的經濟制裁壓力，於是在 1980 年代爆發難以承受的經濟蕭條。1985 至 1988 年間，由於國外拒絕投資，約有一百八十億斐幣（約九十億美元）的淨流出；又依據「世界銀行」(World Bank) 在 1988 年提出的《世界發展報告》(*World Development Report*) 指出，在 1986 年的前六年中，中等以下國家平均經濟成長率有 2.8%，南非經濟成長率卻只有 0.8%，是中等以下國家的三分之一不到。換言之，波塔政府執政下的南非經濟表現，名列在表現最差的國家。經濟的蕭條與社會動盪，讓波塔總統疲於奔命、窮於應付。

二、國民黨的分裂與白人抵抗組織的興起

　　即便種族隔離政策所導致的國內外衝擊，已快使波塔政府招架不住，但在阿非利加人中，仍有不少人認為種族隔離政策是解決南非種族問題的唯一方法，且不應該被改變。1968 年就曾因沃斯特總理 (B. J. Vorster, 1915–1983) 任命了三位黑人大使，引發三

位內閣閣員下臺抗議，國民黨內形成高度嚴格執行種族隔離的「心胸狹小派」(Narrows ones)，以及贊同改革的開明派 (Enlightened ones) 間的鬥爭，但當時還不至於嚴重分裂到另立政黨。然 1980 年代後，受到龐大的內外壓力，國民黨內部改革呼聲日隆，1982 年有十八位國民黨國會議員，因為不滿新憲法賦予有色人種、印度裔權力分享的憲法設計而離開國民黨，另組保守黨 (Conservative Party)，在 1984 年至 1986 年的動蕩不安時代，保守黨的選舉表現卻非常不錯。

政治上，國民黨保守派已分裂為保守黨，然而在「肌肉（武力）」方面，1979 年亦成立了「阿非利加人抵抗運動」(Afrikaner Resistance Movement，以下簡稱為 AWB)。AWB 有屬於自己的旗幟、制服，是極端種族主義者，崇尚以暴力破壞協商，外在形式近似於納粹黨活動。然而 AWB 的創立者兼領袖尤金‧泰勒布藍奇 (Eugène Terre'Blanche, 1941–2010)，在 1986 年時接受《普利多利亞新聞》(*Pretoria News*) 訪問時，曾言成立 AWB 是出自於

圖 35：AWB 黨旗　它是由三個 7 彼此勾連組合，配上白圓、紅底，乍看之下，還以為是納粹德國的卐字旗。

「愛」而不是「恨」，他只承認自己是民族主義者而非種族主義者，他認為黑人有生存的權利，同時主張黑人要愛非洲，而泰勒布藍奇出生於非洲，知道除了非洲外，他已無處可去，所以他不是要求建立白人家園，而是要求重建原來就屬於他們的「布

爾人共和國」。1991 到 1993 年民主協商時代，AWB 扮演著如保守黨軍事外圍組織的角色。

　　AWB 的主要支持者都是阿非利加人，尤其是深怕土地被奪回的阿非利加農民、大地主。由於泰勒布藍奇是一位演說好手而極具煽動力，每次聚會都能吸引不少阿非利加人參加。1993 年 5 月，筆者在波徹斯頓大學求學時，與室友去聆聽泰勒布藍奇的阿非利加語室內演說（由室友翻譯成簡單英文）。在演說開始前，會有類似童子軍的青少年先以「鼓聲」提振氣氛，然後進行禱告，再由泰勒布藍奇開講，他語氣高亢，極具群眾魅力。然而他的布爾人共和國沒能實現，他本人也在民主南非成立後入獄。2010 年時，泰勒布藍奇在農場被數名黑人所殺，結束他傳奇的一生。

　　1987 年南非大選，國民黨用盡了全力說服白人選民，只要跟著國民黨，就能對抗黑人革命與共產主義。選舉結果，雖國民黨仍得到 52% 白人選民支持，且贏得一百二十二席國會席次，但初試啼聲的保守黨，卻也得到 26% 的支持度而擁有二十二席，這是給波塔總統的警訊。1989 年 8 月，波塔輕微中風，再加上政策失敗而與不少閣員關係惡化，於 9 月被迫辭職❷。由當時擔任教育部長和川斯華省國民黨領袖的戴克拉克繼任總統，後來他與曼德拉聯手開啟「後種族隔離時代」(Post-apartheid Era) 的民主轉型，進而催生出彩虹國家。

---

❷　波塔總統於 2006 年 10 月 31 日逝世於西開普省家中，享壽九十歲。

南非民主轉型的兩大推手

　　民主不是從天而降的　，它是個人與團體所奮鬥而來　。自從 1910 年南非聯邦時代的種族分離，到 1948 年後實施「種族隔離制度」，直到 1991 年 6 月　，南非廢除了所有的種族隔離相關法律，其間整整歷經了八十年的歲月。這段漫長的黑人受壓迫史之所以能終結，並非南非總統良心發現而自行終了，而是如同臺灣民主化過程一樣，由許許多多人犧牲生命與歲月，以及國際壓力下才得以成就。必須說明的一點是，南非白人政權之所以願意與黑人民主協商，不是因黑人游擊隊打敗非洲最強大的南非國防軍 (South African Defence Force)，而是南非軍警無法控制幾近內戰邊緣的社會動亂。

　　南非黑人反對黨心目中的政治領袖是曼德拉，但掌握實權的是南非總統戴克拉克，若他們沒有攜手合作，南非不僅難以成就民主轉型，而且可能會陷入內戰，變成非洲的波士尼亞。從 1990 年 2 月曼德拉獲釋，到 1994 年 4 月非種族民主大選期間，是南非劃時代的政治變革期，這段期間也充滿艱難與驚心動魄的險阻，

所幸曼德拉、戴克拉克的合作無間化解內戰爆發的危機，兩人也在 1993 年同時獲得諾貝爾和平獎。因此若論南非現代史，兩人絕對須同時著墨，否則必有遺珠之憾。

第一節　曼德拉與南非的反對運動

一、曼德拉生平與參與政治

　　身為科薩人的曼德拉，於 1918 年出生於川斯凱地區的庫奴村 (Qunu)，自己有一個族名叫「羅力哈拉拉」(Rolihlahla)，原意是「麻煩製造者」，他另有一個族姓叫馬迪巴 (Madiba)。「納爾遜」則是上學後的英文名字。他是酋長之子，是父親第三位太太所生，原本生活尚可，但在十歲失怙，由表哥瓊金塔巴酋長 (Jongintaba) 擔任監護人並代為照顧。1938 年，他就讀位於黑爾堡 (Fort Hare) 的南非原住民學院（今黑爾堡大學），但在 1941 年因參加罷課，所以被學校勒令休學。他同年到了約堡，並經由席蘇魯的引薦而加入 ANC。1952 年，曼德拉與譚波一起成為執業律師，且常替黑人同胞追求正義而挑戰政府。後來他因領導 1955 年的人民議會，而在 1956 年 12 月被南非政府以叛國罪逮捕，這場官司纏訟四年半，曼德拉

圖 36：年輕時的曼德拉

最終獲得無罪釋放 。 1960 年 3 月 21 日 ， 夏弗屠殺事件爆發，ANC 被查禁，轉入地下活動，曼德拉負責籌組革命武力（民族之矛），並策畫武裝鬥爭，直到 1962 年被捕入獄，開始他二十七年的黑牢生活。

二、二十七年的黑牢

曼德拉在羅本島服刑期間，白人不敢置他於死地，怕他成了有名的烈士，所以只想折磨他的心智，使他無法再領導反抗勢力。在電影《再見曼德拉》(*Goodbye Bafana*) 中，獄卒將曼德拉兒子譚比 (Thembi Mandela, 1945–1968) 車禍身亡的剪報，技巧性地放在他床鋪毛毯下，使他無意中發現，企圖讓他情緒崩潰，但曼德拉還是熬過來了。在到處是海豹、毒蛇的蠻荒羅本島上，曼德拉過著十八年不人道的生活，他被關在約七平方英尺大的牢房，衣服不足以禦寒，白天要採石頭，有時還要在冰冷的海水裡撈海帶，還要經常受到打罵與言語侮辱，三餐遠不如動物飼料，夜裡還只能睡在鋪草蓆的冷硬水泥地板上，以及用一個水桶充當馬桶。每日早上五點半起床，開始做苦工，夜晚被限制自由，偶爾寄來的家書，也被以安全為理由割得片片斷斷，難以閱讀，更沒有收音機、報紙。他幾乎與外界切斷所有連繫，身為政治犯，反而無法像殺人、搶劫等罪犯，能夠在服滿二分之一或三分之一的刑期後獲得假釋的機會。曼德拉的苦難一直到 1982 年被移轉到開普敦附近的波斯摩爾 (Pollsmoor) 監獄後，其待遇才比較人性化，他可以和政治犯同志同睡在一個大寢室，也能讀報、聽收音機，甚至時

隔二十一年後被允許與妻子溫妮見面。以上情景也在電影《再見曼德拉》中清楚地被表現出來。

曼德拉二十七年的政治黑牢歲月，經常受到三位白人獄卒虐待。1994 年，曼德拉親筆簽署邀請函，邀請這三位白人獄卒參加他的總統就職典禮，曼德拉也在就職典禮的致詞中特別介紹這三位貴賓：「我特別高興，當年陪伴我在羅本島度過艱難歲月的三位獄警也能光臨，我年輕時脾氣暴躁，在獄中因有他們三位的幫助，我才學會控制情緒……」，曼德拉隨後一一介紹這三位獄卒，再與他們擁抱，全場為之動容。這則故事告訴我們「寬恕是化解仇恨的最佳方式」。在他入獄二十七年之後，於 1990 年 2 月以七十二歲高齡獲釋，出獄後隨即與戴克拉克政府進行民主協商，以建立一個民主、非種族的民主南非，為南非廣大、貧窮的黑人同胞帶來希望。

三、曼德拉的行事風格

種族隔離制度不只是政治制度，它也是經濟剝削制度，不僅使南非黑人在政治上無投票權而已。曼德拉若要滿足黑人同胞的期待，就得盡快改善黑人同胞的生活，這是經濟層面的問題。由於此一現實，讓曼德拉無法只是一位唱高調的道德導師、自由象徵，或者僅是人權捍衛者，同時這也影響他個人的決策風格，使他成為一位務實主義型的領袖。前美國總統尼克森 （Richard Nixon, 1913–1994，總統任期 1969–1974） 時代的國務卿季辛吉 (Henry Kissinger, 1923–) 認為，自由運動的領袖基本上並不具備

民主性格，他們因為流亡或坐牢的緣故，所以只要一生存下來、一有機會掌權，就會積極地有所作為，很少具備謙卑的特質，畢竟若是謙沖自牧者，也不會成為革命黨人，而這樣的英雄領袖通常也都不是很好相處。若是要求他們建立一個真正民主的政府，通常他們絕大多數不會接受。

　　但曼德拉卻是個例外。曼德拉曾流亡、坐過長期黑牢，是典型的自由運動政治領袖人物，但他卻不像是季辛吉所描述那種領袖，他是十分謙卑與寬容的政治領袖。他從 1990 年獲釋後，即使大多的南非人民都知道，他將是未來民主南非的總統，但無論是在他與戴克拉克政府民主協商的過程中，或者是在他出任總統後，均未見到他因握有權力而傲慢的一面。

　　曼德拉以七十六歲高齡當上總統，享有至高的權力並獲得全民尊敬，但他沒有架子、不拘小節，在實際的治國大任上，他不是事事參與或決策，但當需要他時，他都勇於承擔。1995 年底，曼德拉與我國陸以正 (1924–2016) 大使公開簽署援助協定。外交史上，一國元首與友邦大使直接簽訂條約的例子並不多見。而曼德拉曾將一封要給英國女皇信函中的稱謂——女王陛下 (Your Majesty) 劃掉，直接改為「親愛的伊利莎白」(Dear Elizabeth)，並說「她直呼我為納爾遜，為何我不可直呼她伊利莎白呢？」都足以證明他的不拘小節與率性。

　　從曼德拉當上總統後，他於 1996 年就已經將權力交與副總統姆貝基 (Thabo Mbeki, 1942–)。在他隨心所欲之年，經常來往約堡與莫三比克首都馬布多，為的是與女友見面，也就是前莫三比

克總統的遺孀葛萊莎 (Graça Machel, 1945–)。事實上，曼德拉雖有嚴肅的一面，但亦有相當人性化之性格，他喜愛美女，與一般人無異。在他訪問巴哈馬 (Bahamas) 時，曾見一貌美的女性陪同人員，遂心生愛意而堅持由該女全程陪同參訪。他參加群眾大會時，亦堅持入場與群眾握手，足見他十分享受擁抱群眾之樂趣。

四、歌頌曼德拉之餘的另類觀點

2013 年 11 月，幾乎被神格化的曼德拉逝世，世人在他生前有太多的溢美之詞，如前美國總統柯林頓 (Clinton, 1946–) 稱他是：「至高無上的典範」；《時代雜誌》(*Time*) 更讚美地說：「如果宗教領域之外有聖徒，曼德拉庶幾近之」。自從 1990 年 2 月他被戴克拉克總統釋放後，一直是南非社會甚至是世界上人格之典範，他巡迴世界各地接受擁抱、禮讚，因而被神格化，所幸他並不以為然。《讀者文摘》(*Reader's Digest*) 訪問他時，問到「您希望歷史怎麼記述您？」時，曼德拉回答：「我不希望被捧為聖人，只是想日後視我為常人，有善也有惡。」的確，曼德拉也是一位常人，他同時有優缺點。

從家庭的觀點看他，他是十足不負責任的丈夫與父親，雖然他的不負責任能以參與反抗種族隔離為藉口。幸好，他的政治目標達成了，也成為尊貴的國家領導人，在接受世界歌頌之餘，其它什麼都不重要了。但對他第一任且為他生下三名孩子的護士前妻伊芙琳 (Evelyn Mase, 1922–2004) 而言，想必是感受最深。至於較為人們所熟稔，小曼德拉十六歲的第二任妻子溫妮則是曼德拉

政治上的伙伴，因與曼德拉同樣有政治狂熱，他們的婚姻才維持
得那麼久。至於曼德拉最後一任妻子，同時是莫三比克前總統遺
孀葛萊莎，才是真正陪伴曼德拉的人。

　　1994 年，民主南非成立後，曼德拉正式居大位，他對過去壓
迫黑人的白人政府相關人員，不以報復手段回應，而成立「真相
及和解委員會」(Truth and Reconciliation Commission)，致力消除
數十年來種族隔離的遺緒，讓南非成功地和平轉型，這是一個為
人稱道的政績。但付出的代價絕對比臺灣的民主化進程還要高出
許多，而且臺灣人的反威權運動，不曾使用過一顆子彈，比曼德
拉溫和許多，在曼德拉數十年武裝鬥爭的過程中，有不少無辜民
眾因此喪生。但曼德拉主政後對前敵人寬容，並不完全出自內心
慈悲，主因是向現實妥協。畢竟南非進行民主化改革時，人人皆
知他將會是下一任新總統，如果再對白人施以報復，南非恐會爆
發內戰，屆時所有努力全化為烏有。因曼德拉知道 ANC 的武力
並不足以打敗南非國防軍。

　　在冷戰時期，南非國防軍多次參與邊界戰爭，同時又是非洲
反共戰場代理人，因而有豐富戰爭經驗。換言之，白人政府可不
是被黑人征服才願意妥協，而是波塔總統時代的南非，外受國際
制裁而經濟蕭條，內有多數黑人的不合作與暴力威脅，導致國家
陷入無法治理的狀態，他們才願意與黑人妥協。而曼德拉在羅本
島的刑期中，波塔總統曾派人到羅本島與曼德拉溝通，希望以「釋
放他」，作為交換他放棄「武力革命」的條件，而被曼德拉以「一
人一票」是唯一條件所拒絕。他的韌性是一般人難望其項背的，

所以曼德拉的偉大主要在於身為反抗者的韌性，而非對白人壓迫者之寬容。

　　然而從光譜的另一端，我們發現，其實曼德拉也有不少值得批評的一面。旅美自由作家曹長青 (1953–) 認為，曼德拉出獄至去世的二十三年間，也為南非帶來幾個負面的影響，體現在四個方面：⑴經濟一團亂；⑵社會治安惡化，愛滋病和性犯罪率全球第一；⑶「黑白和解」只是表象，因執政黨 ANC 為了支持黑人，讓白人失去公平競爭的機會，導致南非出現新白人貧窮階級；⑷南非成為支持獨裁者的大本營。曼德拉崇拜的英雄以及朋友多為獨裁者，包括：中共毛澤東 (1893–1976)、江澤民 (1926–)、曾慶紅 (1937–) 與李鵬 (1928–)，還有利比亞 (Libya) 的格達費 (Muammar Gaddafi, 1942–2011)、古巴卡斯楚 (Fidel Castro, 1926–2016)、巴勒斯坦解放組織 (Palestine Liberation Organization) 的阿拉法特 (Yasser Arafat, 1929–2004) 等。曼德拉在監獄中就曾研讀毛澤東的書，被稱為「毛的國際粉絲」。

第二節　戴克拉克總統與其行事風格

　　2013 年 11 月曼德拉去世的消息，讓曼德拉再度成為國際媒體的關注焦點，但若是沒有戴克拉克總統，就無法成就南非的民主與曼德拉的偉大。1989 年 9 月，戴克拉克當選總統職位，雖然有進一步改革南非內政的企圖心，但他只是《1983 年憲法》下的總統，那是一部為黑人政治菁英所反對的憲法，並沒有廣泛的民

意支持，要在如此情勢下從事政治改革，自然不易受到信任與期待。1980 年代與 1990 年代之交的南非政權，彷若鄰國南羅德西亞（即辛巴威）白人少數政府所陷入的困境❶，似乎唯有制訂一部經民主協商且具高度共識的新憲法，才是最終解決之道。而國際社會也關注著南非的民主改革，並以其改革之進展，作為改善或發展與南非關係的重要參考。換言之，白人政府要有放棄種族隔離制度的誠意，否則難以得到國際社會的重新接納。

一、戴克拉克的家世背景

戴克拉克最早的歐洲移民祖先，其實是來自法國的胡格諾難民，其先祖為了逃避法國對他們的宗教壓迫，先遷居荷蘭，最後輾轉移民到南非開普敦。在南非早期強調白人至上的社會氛圍中，其實不少阿非利加人也不是百分之百純淨的白人血統。對此，戴克拉克也一樣有難言之隱，在 18 世紀時，他有一位祖先是印度奴隸的女兒，但是在孩提時代，其父親並沒有對他提及，他心中的祖先只有在大遷徙過程中，勇敢打敗黑人的布爾人英雄。

他與前總統波塔同是阿非利加人，亦是白人農場主的後代，不同的

圖 37：戴克拉克總統

---

❶　指因白人少數統治所導致的內戰、國際孤立與社會的動盪。

是他非軍人出身，沒有強而有力的軍方背景，然他出自政治世家，他父親的外曾祖父是參議員揚‧范羅伊 (Jan van Rooy)，曾在當時政壇有舉足輕重的地位與影響力，對戴克拉克的父親揚‧戴克拉克 (Jan de Klerk) 參議員也有很大的影響。戴克拉克的祖父威廉 (Willem de Klerk) 是神職人員，在布爾戰爭時，是開普殖民地中同情布爾軍者，甚至可以算是支持者，也因此被英國殖民政府視為開普叛變者 (Cape rebel)。威廉曾兩次在波徹斯頓代表國民黨參選，但都失敗。後來出任國民黨在金山地區的榮譽主席，常在政治集會中演說，同時他也是國民黨報紙《川斯華報》(*Die Transvaler*) 的行政志工，對戴克拉克的父親有很深的影響。戴克拉克之父積極從政三十一年，是國民黨川斯華黨部的秘書，曾獲選參議院議長，後在三位總理任內擔任閣員達十五年，並曾擔任教育部長。而戴克拉克的姑姑嫁給了二次大戰後參與 1950 年代種族隔離政策建構的南非總理史崔登 (J. G. Strijdom, 1893–1958)。戴克拉克的傳記作者威廉‧戴克拉克是戴克拉克總統胞兄，與其祖父取同名，曾擔任報社編輯，以政治評論聞名。可見戴克拉克的家世淵源與政治十分密切。

　　戴克拉克與妻子瑪利卡 (Marike de Klerk, 1941–2001) 育有三名兒女，老大揚 (Jan) 是川斯華省的農夫，老二威廉 (Willem) 和女兒蘇珊 (Susan) 則當老師。戴克拉克時常關心、鼓勵子女，且極度重視他們的教養，經常空出時間聆聽孩子們的問題，並與他們對話，他每週都會以電話詢問他們的生活起居與學校生活。他的管教方式雖然比較嚴格，但不會對子女無理要求，他會生氣但

從不情緒失控，他常給予孩子們直接的建議，但是不一定採用強制的方式，命令他們服從。他體貼，是一個真正的紳士，總是讓家中維持良好的氣氛，常藉由建立兒女的自信心以啟發他們，而且常以讚賞代替批評。即使他的心情差時，也不會處事不公，在其子女眼中，算是一位盡職的父親，而且也是一位快樂的祖父。

戴克拉克在看待自己的家庭方面，他認為，太太與孩子就如同一座城堡，緊緊的圍繞著他，沒有他們的愛，他的生活會失去方向。像早年，戴克拉克忙於公務而常常不在家，但他後來決定不再當一個拋妻棄子的父親，空出許多寶貴的時間給家人。家庭成員平日可規律性地以電話相互問安，分享了家人的喜樂與憂愁。談到他的妻子，戴克拉克認為，不論他做何事，總是能得到太太全心全意的支持，太太可以說是他的左膀右臂，夫妻倆如同手與手套一般的相稱。瑪利卡的父親是普利多利亞大學的教授，而她與戴克拉克都是在波徹斯頓大學獲得學士學位，戴克拉克學的是法律，瑪利卡是商學系。1959 年，當他們都還很年輕的時候就結婚，那年戴克拉克二十三歲，而瑪利卡僅二十二歲。

1994 年民主南非成立後，戴克拉克改任曼德拉的第二副總統，1995 年因不滿憲改內容而退出曼德拉的全國團結政府 (Government of National Unity)。1994 年戴克拉克開始與希臘船王喬古雅蒂斯 (Tony Georgiades) 遺孀艾莉塔 (Elita) 有婚外情，她也給予國民黨財政上的支持。1996 年戴克拉克與結婚三十七年的妻子離婚，一週後再與艾莉塔結婚。他的原配瑪利卡孤獨過了五年多，原本想靜靜地度過餘生，但卻於 2001 年在開普敦被殺。南非

前第一夫人被殺，震驚全國，民主南非的治安壞到無以名之。

二、曼德拉與屠圖大主教心中的戴克拉克

　　1989 年 9 月，戴克拉克就任總統時，曼德拉曾經認為戴氏是一個無足輕重的人物，他雖當上國民黨主席，看起來就像典型的國民黨員，從他的過去也看不出有任何改革精神，因為他擔任教育部長時，曾試圖阻止黑人就讀白人大學。但是曼德拉讀完他的每篇演講稿後，開始發現戴克拉克與前幾位領導人不同，曼德拉一改先前對他的看法，認為戴克拉克不是空想家而是實用主義者，因為戴克拉克認為變革是必須且無可避免。往後曼德拉與戴克拉克進行談判的過程中，曼德拉又發現戴克拉克不對事務做出迅速的回應，通常會仔細聆聽著而不與之爭論。曼德拉最後也用英國首相柴契爾夫人對蘇聯前領導人戈巴契夫 (Gorbachev, 1931–) 的評語：「此人可與之共事」(A man we could do business with)，來總結他對戴克拉克的看法。

　　另外，屠圖大主教對戴克拉克也持肯定的態度，他說：「戴克拉克 1990 年的言行（指釋放曼德拉等政治犯與開放黨禁），為他自己帶來巨大的功績，無論如何均無法被抹滅，他已在南非史上找到一席之地，無論他當時基於何種動機，無論世人如何批評他的所作所為，我們均應對他在 1990 年的作為而向他致敬。」屠圖大主教又說，沒有戴克拉克的話，南非將再繼續蒙受血腥屠殺。

　　沒有戴克拉克就沒有曼德拉，因為他的體制內轉型成就了南非民主。著名的美國政治學者杭廷頓 (S. P. Huntington, 1927–

2008) 曾言，若民主轉型想要成功，統治者的態度很重要。的確，
沒有戴克拉克，就沒有曼德拉，曼德拉生前享譽國內外，死後哀
榮，但世人只知道戴克拉克曾與曼德拉同時獲得諾貝爾和平獎，
對於他在南非民主化的貢獻卻甚少人著墨。曼德拉因為當上總統，
所以彰顯出他的偉大，戴克拉克則因失去總統職位而總是讓人遺
忘。政治是現實的，相信讀者會對這句話深有同感。但南非的民
主轉型，沒有曼德拉與戴克拉克的相忍為國是無法克竟其功的，
因為南非邁向民主之政治轉型，往後的協商過程是滿布曲折。

圖 38：曼德拉與戴克拉克同時獲得諾貝爾和平獎

第十二章 | *Chapter 12*

民主轉型的過程與障礙

第一節　戴克拉克總統開啟民主協商序幕

一、1990 年 2 月的歷史性演說

在當選總統之後，戴克拉克總統就開始著手政治轉型，他以新的思維來面對國內的政治反對團體。1990 年 2 月 2 日，戴克拉克總統在國會第九屆第二次會議前，發表歷史性演說，揭示南非未來政治轉型的決心與方向。此次國會演說，可分成六大部分：⑴國際關係；⑵人權；⑶死刑；⑷社會；⑸經濟；⑹協商。其中與民主協商有直接關係的是第六部分。在演說中首先確認「各黨派協商」與「和平」的關連，並宣稱南非已走入了一條巨大變遷且無法回頭的路。在此前提下，有愈來愈多的南非人瞭解到，唯有全國各黨、各派、各族群領導人的妥協與諒解，方能確保未來道路持續和平。最後，戴克拉克宣告即將釋放黑人政治領袖與其

它的政治犯，同時所有的政治組織，包括 ANC、PAC 和南非共產黨 (South African Communist Party) 等均予以合法化，並且廢除 1980 年代所實施的各種禁制法令。這歷史性公開演說公諸於世後，得到全世界的迴響，也開啟了南非民主轉型的序幕，進入「政治轉型」新紀元，少數白人政權的終結是指日可待，而一個非種族的民主南非正逐漸形成中。

南非民主選擇研究所 (Institute for a Democratic Alternative for South Africa) 執行長范澤斯拉伯特 (F. van Zyl Slabbert, 1940–2010)，形容戴克拉克的就職演說是形勢所迫，且是別無選擇地做了他應做之事。但從另一角度言之，戴克拉克藉由他的作為，為每一個人帶來驚奇，或許也包括他自己。南非的民主轉型是無可避免，這場演說並非戴氏隨性演出，而是經過深思熟慮後所做的政治選擇。這也驗證政治學家杭廷頓所指出的道理：「唯有當領導或獲利於威權政體的菁英，認為原有的政體無法滿足其本身或是社會之需要時，才會發生轉型。」杭廷頓曾提出威權政體領袖們，因應其統治合法性衰落的五種方式：(1)統治者拒絕承認統治合法性的衰落；(2)殘酷鎮壓；(3)挑起與國外的衝突；(4)為自己政權裝扮一些民主合法性的外表；(5)領導人因勢利導主動結束威權統治，導入民主體制。波塔總統選擇第四種方式，終以失敗收場，而戴克拉克轉選擇第五種方式，主動與 ANC 等反對陣營和解，並著手進行民主協商。

二、協商前的共識建立

ANC 解禁後，戴克拉克與曼德拉雙方的協商比過往更加直接與明確，政府與 ANC 代表首度議會的會前會 (Talks about talks)，於 1990 年 5 月 2 日至 4 日在開普敦的赫拉德斯堡 (Groote Schuur) 舉行。第二次的會前會在同年的 8 月 6 日，於普利多利亞總統府舉行。兩次會商簽署了兩個備忘錄，⑴《赫拉德斯堡備忘錄》(*Groote Schuur Minute*)，它的重要性是 ANC 承諾它將義無反顧且明確地走向和平協商 ；⑵《普利多利亞備忘錄》 (*Pretoria Minute*)，依此，ANC 願意在會談之後，立即暫時終止武裝鬥爭與反政府活動，同時將致力於緩和與減少抵制、罷工、反政府、柔性罷工（Stay away——自動休假）等群眾運動。另外，就是有關於 ANC 內部共產黨的問題 ，由於南非共產黨分子一直寄生於 ANC 內部，並且大多是核心成員，但南非是一個反共國家，故欲約束 ANC 內部的共產黨員 ，曼德拉勢必要有所作為，並想辦法使南非共產黨乖乖聽話。這兩次會談，政府除了給予 ANC 合法性，以換取它們放棄暴力，且宣示雙方進行民主協商的決心。其實在國民黨與 ANC 等多黨正式展開政治協商之前 ， 兩大黨在多黨民主、普選、比例代表制、獨立的司法權、應受法院審理保障的人權法案等幾個議題，均已取得共識，而作為民主協商平臺的「民主南非大會」（Convention for a Democratic South Africa， 簡稱 CODESA）也在 1991 年 12 月開議。

圖 39：主導南非民主轉型的兩大政黨領導
人——曼德拉與戴克拉克

第二節　民主南非大會的展開與失敗收場

一、立場錯綜複雜的民主南非大會

民主南非大會是由 ANC 與國民黨等共十九個政黨和組織所
組成，總共約有二百多名代表一起討論政治轉型，這在南非史上
是第一次，會議最後簽署《意向聲明書》(*CODESA Declaration of
Intent*)，宣布將建立沒有種族歧視且統一的民主南非。會議中還
成立五個工作小組，最重要的是第二組，它專門討論「一般憲政
原則」及「制憲機構與過程」，對制定新憲法、過渡性行政安排等
問題提出報告。但是制憲談判一再受阻，因國民黨政府的背後有
右翼保守黨的壓力，而代表黑人談判的 ANC 背後，亦有極端

PAC 仍不願放棄武裝鬥爭，加上由於南非政府自 1970 年代起陸
續扶植黑人家園，使黑人家園內部的既得利益者不願配合改革。
另外代表南非最大族群——祖魯人的代表政黨「印卡達自由黨」
與 ANC 立場不同，加上國民黨進行兩面操作，暗助「印卡達自
由黨」抗衡 ANC，所以不僅黑、白極端組織又暗中策動，加上各
方相異的立場，使得民主南非大會的憲法協商進度變得十分緩慢
與複雜。茲將各黨派立場分述如下表：

表 4：民主協商主要政黨之立場

政黨、政團／議題	國民黨 (NP)	非洲民族議會 (ANC)	民主黨 (DP)	印卡達自由黨 (IFP)	泛非洲人民族議會 (PAC)
政體	聯邦國	單一國	聯邦國	聯邦國	單一國
政府的權力	限制中央政府權力	政府有廣泛權力的多數統治	以聯合政府的方式來限制中央政府權力	中央與地方分權；並保障地方及州民等少數群體的權益	有廣泛權力的非洲人多數統治
憲法必列內容與制定門檻	人權法案、區域權力、多黨體制的確立；大於 3/1 多數	人權法案的確立；2/3 多數	人權法案的確立；2/3 多數	人權法案與區域權力的確立	2/3 多數

經濟制度	市場經濟	私有企業、國家干預和有限度的國營企業	仿西德模式的社會市場經濟，市場自由競爭，但國家保障弱勢者	仿西德模式的社會市場經濟，市場自由競爭，但國家保障弱勢者	社會主義者經濟
人權	強調個人權利	強調個人權利，但在財產權上要保障後來者的權利	非常強調個人權利	強調個人權利，但承認既存的團體與它們的權利	保證個人自由，但政府要有保護少數人的行動平權法 (affirmati veaction)、沒有少數人或團體的權利
選舉	定期選舉、普選與比例代表制				
司法	獨立的司法				

例如，執政的國民黨立場是設計出防止威權種族主義再現的政府，故國民黨主張「權力分享」，同時希望在將來的憲法明定，通過任何法案都必須經過四分之三的門檻，讓少數派保有否決權，但ANC堅持三分之二之多數即可。足見兩大黨的意見難以整合。

無論民主南非大會成功與否，ANC的策略是將協商的過程分為兩個階段。第一階段是採取「平行雙軌制」(Levelling of playing field)，即主張現行的政府體制保留不變，但必須受到「多黨協商委員會」(Multi-party Committees) 或 「轉型行政委員會」(Transitional Executive Committee) 的指導或制約，以確保未來起草憲法的國會選舉的公平與自由。第二個階段是由所有參與民主南非大會的黨派合組過渡政府。代表祖魯人的印卡達自由黨，因為祖魯國王地位問題，雖沒有參加民主南非大會，但最後也簽署《意向聲明書》。至於較為極端的 PAC 則從未參加民主南非大會，誠如 PAC 秘書亞歷山大 (Benny Alexander, 1955–2010) 所言，不能將談判作為解決社會抑鬱的萬靈丹，雖然如此，PAC 並非全然拒絕談判，但最終目標則是逼迫白人立即放棄權力，並且將政權轉移給非洲多數族群。至於白人右翼組織（如 AWB），從未參與民主南非大會，它們的態度可以保守黨作為代表。誠如保守黨領袖楚爾尼特 (Andries Treurricht, 1921–1993) 所言，假使保守黨參加民主南非大會，放棄建立白人國家的原則，而被 ANC 決定未來的話，保守黨將被白人選民唾棄。可見民主南非大會的歧見，不僅是前表所列之不同而已，身為兩大主談代表的國民黨與ANC，都必須各自說服他們的黑白族群。

二、民主南非大會的失敗

從白人至上的種族隔離，一時要轉變為被他們之前所認為的恐怖分子統治，不少白人自然是不服氣與不安，因此戴克拉克得同時承受南非黑、白族群的壓力。戴克拉克為了證明與宣示民主協商的正確性，於 1990 年 2 月在國會發表重大演說，稱南非政府

將在 1992 年 3 月舉行最後一次的白人選民公投，為往後民主協商奠定更高的合法性。在此一尋求白人選民意見的公投上，戴克拉克詢問白人選民「你是否支持自 1990 年 2 月以來，經由民主協商制定新憲法的改革過程？」(Do you support the continuation of the reform process which is aimed at a new Constitution through negotiation?)。而公投結果是 68.7% 的白人選民投下同意票，僅有 31% 不同意。

但另一方面，黑人族群與政黨間的意見整合，可就不是那麼容易地以公投方式解決。由於「以黑制黑」是當時國民黨分化黑人陣營的策略之一，且國民黨對協商進程也未加重視，不斷地消磨曼德拉的支持者、黑人反對派的耐心。例如印卡達自由黨一心為祖魯國王爭取特別地位，而當時的國家安全部隊仍然是由國民黨所控制，故國民黨常利用祖魯人與科薩人間的矛盾，暗中支持印卡達自由黨對抗以科薩人為主的 ANC。最終導致 ANC 在 1992 年 5 月宣布退出民主南非大會，使談判陷入僵局。同年 6 月，在約堡南方的黑人城鎮波伊波棟 (Boipatong)，一群祖魯人勞工趁夜離開宿舍，殺死三十八名 ANC 支持者，包括一名孕婦和一名九個月大的嬰兒。當地居民相信攻擊者是印卡達自由黨的支持者，而且明顯地受到白人警察指示。事發三天後，戴克拉克前往事發地點慰問，卻被憤怒群眾趕走，再度引起警、民衝突，警察又開槍打死三人。ANC 在民主南非大會的代表宣稱，ANC 雖停止武裝鬥爭，但堅持群眾運動與協商相互為用。而國民黨政府則抨擊民主南非大會陷入僵局，不足以充作 ANC 發動群眾運動的理由。

　　無論國民黨如何指控，波伊波棟攻擊事件後，ANC 再度動員群眾展開示威遊行，甚至採取柔性罷工，1992 年 7 至 8 月間的動亂再度傷害南非經濟。波伊波棟事件後，ANC 支持者將怒火轉向反對民主南非大會的西斯凱黑人家園獨裁者歐帕勾佐 (Oupa Gqozo, 1952–)。1992 年 9 月 7 日，ANC 支持者聚集約十萬人，遊行至西斯凱首府比索 (Bisho)，當群眾衝破西斯凱警察衛隊的障礙時，警方開槍回擊，殺死了二十九人、傷了二百多人，史稱「比索殺戮」。一時之間，南非民主進程彷彿退回舊時代，民主協商也因而陷入僵局。曼德拉認為「比索殺戮」是場悲劇，是黎明前最黑暗的時刻，國民黨政府與 ANC 也都認為談判必須重啟，以穩定南非的動盪局勢。

第三節　重啟協商大門的「多黨協商」

　　對白人政府而言，終止談判只是延緩交出政權的時間，對保障白人權益與整個南非的未來毫無幫助。而 ANC 也深知，它的談判對象──國民黨不是那麼容易可擊敗。在《曼德拉：漫漫自由路》(*Mandela: Long Walk to Freedom*) 這部描述曼德拉的電影中，曼德拉在「比索殺戮」後，為了緩和黑人的憤怒，召開記者會說：「我們雖無法擊敗政府，但可以『選贏』政府」。可見曼德拉頭腦相當清楚，所以他和、戰並用，在宣稱發動群眾運動之時，同時提出部分要求與讓步，希望民主協商可以重新開始。

一、《諒解協議》與重啟協商

ANC 主談代表諾瑪弗沙 (Cyril Ramaphosa, 1952–) 與國民黨憲政事務部長梅耶 (Roelf Meyer, 1947–) 會談十九天後，設計出民主南非大會所無法達成的共識。1992 年 9 月 26 日，曼德拉與戴克拉克共同簽署《諒解協議》(*Record of Understanding*) 以作為重啟談判的互信基礎。此協議首先針對終止黑人族群間的殺戮，ANC 要求戴克拉克必須：(1)禁止祖魯人攜帶傳統武器，如矛與盾等兵器上街，因為這等於無形中鼓勵暴力；(2)對部分黑人勞工宿舍加以管制，不可隨意進出；(3)盡快釋放所有政治犯。此外，ANC 也對過去談判無法達成共識的關鍵——「權力分享」做出讓步。 ANC 接受共產黨員史洛夫 (Joe Slovo, 1926–1995) 建議新政府必須有「權力分享」的「落日條款」(Sunset Clause)，意即將來的新政府，得在一定的期間內，要強制地「權力分享」，各主要政黨可合組聯合政府，並且與公務員簽約保障原來白人公務人員職位，讓他們安心工作，同時也須赦免前朝安全官員，以免有權力的人、保守派聯合妨礙民主改革。如此一來，白人政府不再堅持在新憲法中讓少數黨擁有否決權，並不再與印卡達自由黨有私底下的合作，轉而支持 ANC 的國家統一體 (National Unity) 之主張。

《諒解協議》簽訂後，1992 年 12 月國民黨又與 ANC 展開新一輪秘密會談，共用了五天的時間，確立了權力分享的默契與進一步細節，即將來任何政黨若得票率超過 20%，即可分配一個副總統職位；若得票率超過 5% 的政黨，就可推薦人選擔任部長級

職務。在《諒解協議》中，ANC 與國民黨同意立即建立「憲政議會」(Constitution Assembly)，以建構最後階段的憲法，和成立一個以五年為期、具有過渡性質的「全國團結政府」。1993 年 2 月，兩大黨雙雙宣布原則，同意成立以五年為期的「全國團結政府」、多黨合組的內閣和建立「過渡行政委員會」，且選舉將盡可能在 1993 年舉行。即便兩大黨已有默契，然而事情進展卻不如預期，因為每當有新進展，也都會伴隨新阻力，但為了繼續前進，任何阻礙都得克服。

二、民主協商之阻礙

因為《諒解協議》是國民黨與 ANC 的協商結果，其它政黨完全沒有參與，其中協議內容，居然針對祖魯人，禁止他們持有傳統武器，導致印卡達自由黨為此宣布退出政府，並拒絕與 ANC 進行任何談判，同時斷絕與國民黨的聯繫，轉而與原本不接觸的組織合作，如只關心自身利益的黑人家邦領導人，或是企圖建立獨立白人家園的阿非利加人右翼組織，以抵制建立民主南非的多黨協商。不過 1993 年 4 月 1 日，還是有二十六個團體聚集在約堡郊區的世界貿易中心，「多黨協商議會」(Negotiating Council) 就此展開，以處理最後細節。但議會開啟後，風波與阻礙仍不斷發生，如哈尼 (Chris Hani, 1942–1993) 之死、白人右翼團體與黑人家園既得利益者的反撲，為民主協商帶來諸多變數。

1993 年 4 月 10 日，一位與白人右翼組織關係密切之波蘭移民華勒斯 (Janusz Waluś, 1953–)，暗殺了在 ANC 內部極受歡迎

的共產黨要員哈尼。根據鄰居描述，當天哈尼讓他的保鏢放假，結果他在約堡城區附近柏克斯堡 (Boksburg) 的家門前，遭殺手開槍擊中胸部後倒地，兇手再補兩槍後逃逸。哈尼在 ANC 內地位極高，他曾是「民族之矛」參謀長而受年輕人歡迎，甚至被視為英雄，且極有可能是曼德拉的接班者。哈尼之死當然對 ANC 造成重大打擊，導致支持者異常憤怒是可想而知。ANC 為了讓支持者發洩情緒，允許支持者組織、進行為期一週的和平示威遊行，向白人政府施壓，要求盡速成立「轉型委員會」(Transitional Executive Council, TEC) 與宣布大選日期，這無異是要求國民黨政府盡快交出權力予 ANC 與其共產黨盟友。

可是 ANC 的舉動，卻激起右翼白人於 5 月 7 日籌組一個推向民族獨立之組織——「阿非利加人人民陣線」(Afrikaner Volksfornt，以下簡稱 AVF)，並推舉戰功彪炳的退役將領維留 (Constand Viljoen, 1933–) 為領袖，由於維留具軍人背景與影響力，讓右翼分子信心大增，使阿非利加人民族獨立運動受到重視，當然或多或少也增加了談判籌碼。AVF 之宗旨乃確保南非境內各民族自決權力，並拒絕剝奪阿非利加人自由的多黨政治協商會議。而右翼分子則希望依據歷史淵源，在川斯華省之大部分、橘自由邦省北部，還有納塔爾省西部部分，建立擁有高度自治權甚至獨立的阿非利加人國家。然而他們的訴求不只占南非四分之一的土地，還囊括大部分富庶之地與財富，ANC 不可能將這一大片沃土交予人口僅三百萬的阿非利加人。因此國民黨、ANC 都懷疑 AVF 的代表性，拒絕它的主張，並呼籲右翼黨派能回到談判桌，以增加多

黨協商之合法性，或許更有機會為阿非利加人爭取到部分土地來行使有限自治權。

1993 年 6 月 5 日，約堡舉行的政治協商議會中，因拒絕代表右翼的保守黨自治邦之提議，次日約五百至六百名右派激進分子，在 AWB 領袖泰勒布藍奇率領下占領談判會場，以展現右翼實力。泰勒布藍奇在會場宣稱，如果國民黨與 ANC 不給阿非利加人獨立的生存空間，那麼乾脆向他們宣戰吧！戴克拉克對右翼的行為極表憤怒，ANC 也要求逮捕參與民眾。不久之後，有代表在協商中提議，不妨讓右翼分子在開普省北部建立自治邦，但阿非利加人與該區域毫無歷史淵源，而且該地又是半沙漠地帶，並不適於農耕，此提議自然不被右翼分子接受。

從另外一個角度來看，白人右翼政團受阿非利加人較多的支持，但他們的力量還不足以發動軍事政變。根據前南非駐臺大使館陸軍武官，英裔的哈里遜上校 (C. S. Harrison) 向筆者所說的，當時軍隊內有超過半數是黑人，儘管黑人只效忠自己的薪水且位階不高。但他更進一步指出，南非英裔族群將轉型視為一個機會，阿非利加人則將民主轉型視為一種威脅。當然哈里遜自然是不苟同右翼分子行徑。

事實上，常將內戰掛嘴邊的右翼白人分子頂多萬餘人，其中真正視死如歸者非常有限，因此對多黨協商而言，右翼政團是股威脅但決非全面。而 AVF 領袖維留在軍中的影響力頗令人存疑，畢竟他解甲歸田已久，且除非祖魯人也加入白人右翼行列，否則他們發動內戰也僅止於口號。再者，依據民意調查，祖魯人多數

還是支持 ANC ，且祖魯人亦無與右翼白人政團合作之條件和跡象，他們只是準備與多數黑人共享少數權力。加以國內經社情勢每下愈況，在在令白人難以忍受，更直接指責戴克拉克之背信，準備將南非直接交給共產黨，甚至抨擊他忘了自己也是阿非利加人。事實上，白人「獨立自決」之主張，本不易在白人族群中造成太大的迴響，畢竟多數白人不願意冒險去改變目前的優渥生活。

南非的民主協商進程，不是國民黨與 ANC 說了算，這兩大黨均深知民主轉型的潛在阻力，此認知也加速雙方談判的腳步。1993 年 7 月初，「協商議會」確定 1994 年 4 月 27 日是大選日，中央與省級政府均以「一人一票」原則，選出不分種族、性別與統一的民主政府。既然大選日已定，民主轉型指日可待，但是焦慮的年輕人仍不安於室，社會並未得到平靜。

1993 年 8 月，泛非洲學生組織 (Pan African Student Organization) 聯合支持 ANC 的南非學生大會 (Congress of South African Students)，在開普敦舉行示威遊行。學生全然不顧 ANC 的譴責，一路上砸毀多輛汽車，同時喊出「一顆子彈、一個移民」以及「殺死布爾人、殺死農夫」等極端口號。同月 25 日，一名來自美國加州但長年旅居開普敦，長期反對種族隔離制度的年輕學者艾咪‧比勒 (Amy Elizabeth Biehl, 1967–1993)，被一群黑人青年用石頭砸毀她的車後，再以石頭與刀殺死。艾咪長期獻身人權正義，竟然死在她支持的人——被種族隔離制度壓迫者之手，令人不勝唏噓。艾咪遇害成為新聞頭條，當時人在南非的筆者亦印象深刻。南非的轉型波折雖多，但民主進程的洪流終究無法抵擋。

　　1993 年 11 月是南非團結、和諧的里程碑，黑人極端反對組織 PAC 最後也接受談判結果，同月 18 日《過渡憲法》在曼德拉與戴克拉克緊張討論後通過。1993 年 12 月 18 日，再經由開普敦國會通過後正式生效，由黑人與白人合組，享有財政、安全、外交及否決權，並實際負責大選的「過渡行政委員會」開始運作。制度上的南非民主轉型，算是初步完成，接下來最重要的工作為首次大選順利完成，以確保組織民主南非政府的合法性。

第十三章 | *Chapter 13*

彩虹國家的誕生與民主初體驗

第一節　首次非種族大選及其結果

一、大選前的暴力衝突

　　經歷兩年多斷斷續續的協商，雖然有了最終成果，但並不表示後續民主化過程就會一路順遂，因為民主協商原本就是「取」與「給」的過程，它不易讓每一方都能滿意，故大選前仍存在不少阻力。如南非境內形同獨立的黑人家邦，還有極少數仍不願妥協的右翼白人政黨，以及代表祖魯人的「印卡達自由黨」。右翼白人政黨與黑人家園均反對民主協商的結果，在 1993 年年底組成保守的「自由聯盟」(Freedom Alliance)，他們的反對與抵抗，影響著大選能否順利舉行，因此國民黨與 ANC 未放棄說服他們參與這場深具歷史意義的大選。

　　波帕波茲瓦那黑人家邦，自 1977 年被白人政府扶植建立後，

總統馬告北 (Lucas Mangope, 1923–2018) 就成為既得利益者。由於民主南非成立後，所有獨立的黑人家邦均要重新併入南非，對多數追求民主、平等的黑人而言是件喜事，波帕波茲瓦那的公務員也紛紛要求參加大選，並與 ANC 的支持者一同反對馬告北。但是對馬告北而言，黑人家園將在大選後解散，也等於被剝奪特權與既得利益（他在境內有座白金礦與豪華的渡假勝地），加上他長期名聲不佳，就算他參加大選，也無法獲得人民支持。1993 年底，馬告北與白人右翼團體合作，禁止波帕波茲瓦那內從事大選相關競選活動，並稱除非所有黨派均參加大選，否則波帕波茲瓦那拒絕參加大選。

翌年 3 月，南非政府派遣軍隊維護秩序，但仍爆發不幸事件。有數千名支持馬告北的極端分子聚集在波帕波茲瓦那首府恩馬波索 (Mmabatho)，企圖協助馬告北反制南非政府，同時引起支持大選的群眾發動示威抗議，兩派陷入對抗。部分極端反對派對前來示威的群眾開槍掃射，在衝突中，有數位極端右翼白人被波帕波茲瓦那警察槍殺。如此情景隨著電視轉播而在世界流傳，也反映右翼白人團體的聲援失敗，促使馬告北於 3 月 12 日被南非政府及過渡行政委員會取消權力，由南非駐波帕波茲瓦那大使范德瓦特 (Tjaart van der Walt, 1934–) 暫代領導人，直到大選完成，反對大選派也同時瓦解。

另一個要處理的黑人家邦，是代表祖魯人的瓜祖魯 (KwaZulu) 黑人家邦，其首席部長為布什雷齊 (Mangosuthu Buthelezi, 1928–)，他同時是「印卡達自由黨」的黨魁。布什雷

齊與馬告北不同，他是 19 世紀聲名顯赫的夏卡國王後裔，亦是前
祖魯王國的首相，所以擁有非常多支持者。布什雷齊原為 ANC 青
年團團員，先是為了與白人對抗而組織印卡達自由黨，後又為了
維護祖魯人的權益，也反對 ANC 的武裝革命戰略，因此他有能
力在祖魯人的大本營——納塔爾省破壞大選進行。布什雷齊曾要
求國民黨與 ANC 須給予祖魯王國法定地位，以及專屬於祖魯人
的土地，同時要求保證印卡達自由黨在大選後不受歧視，他才願
意參加大選。國民黨與 ANC 認知印卡達自由黨在民主化過程中
的重要性，故全力說服布什雷齊參與大選。就在波帕波茲瓦那解
體後，曼德拉親訪祖魯國王維利希尼 (Goodwill Zwelithini
kaBhekuzulu, 1948–)，並重申建立統一國家的決心，但布什雷齊
卻威脅除非將來新憲法賦予祖魯人獨立的黑人家邦，否則將不惜
發動內戰。

　　布什雷齊的訴求使支持者產生對立。1994 年 3 月，印卡達自
由黨支持者發動武裝遊行，前往 ANC 的約堡總部抗議，但群眾
脫離原先規劃的遊行路線，進而與警察和 ANC 支持者發生衝突，
造成八人被射殺身亡的慘劇。隨後納塔爾省的印卡達自由黨與
ANC 支持者爆發衝突，數月以來造成數百人死亡。後來曼德拉與
戴克拉克雖同意對雙方進行「國際調解」，亦未能立即克竟全功，
不過仍舊在大選前一週的 4 月 19 日達成共識，印卡達自由黨終
究同意參加大選。

二、大選的結果

　　1994年4月26至29日是眾所矚目的南非大選投票日,總共有近二千萬名選民前往投票。ANC如預料地獲得壓倒性勝利,得票率62.7%。依此得票率,在攸關總統選舉的國民議會 (National Assembly) 中取得二百五十二席,隨後曼德拉亦如預期地,成為南非首位民選產生的黑人總統。南非同時換了國旗、改了國歌,被稱為「彩虹國家」的民主南非於焉誕生❶。而民主南非的首屆

圖40：民主南非國旗　南非六色旗中包含了前政權的顏色紅、白、藍,與反種族隔離團體旗幟的顏色黑、黃、綠,它在1994年大選日首度被升起。

---

❶ 首度升起彩虹旗時,由桑湯加 (Enoch Sontonga, 1873–1905) 在1897年所寫,原名為《天佑非洲》(*Lord Bless Africa*) 的歌曲成為民主南非國歌。《天佑非洲》在反種族隔離數十年來各種政治或社區團體的集會中一直被傳唱,終於在百年後被正式定為民主南非國歌,同時將其中兩段,以英語、阿非利加語傳唱,另兩段是祖魯、科薩語。同一首國歌用四種主要官方語言傳唱,相當具有特色。彩虹國家 (Rainbow Nation) 這個稱呼得名於由屠圖主教在首次非種族民主大選後所創的新詞,用以描述新民主南非,曼德拉更在上任後一個月加以闡述,宣稱「我們每一個人都親密地如同普利多利亞紫色藍花楹樹 (Jacaranda Tree) ,與灌木高原上的合歡 (Albizia julibrissin) 一樣,附著於這一個美麗、充滿和平的彩虹國家的土壤。」民主南非遂被稱為「彩虹國家」。

政府，是依據 1993 年《過渡憲法》，於 1994 年 5 月成立的「臨時民主聯合政府」，其主政時間是 1994 年 5 月至 1999 年 4 月為止。一般民主國家的大選或政黨輪替是常態，但對南非而言，卻是足以令南非自豪的民主成就，因為這是經過數十年艱苦奮鬥而來的。

　　大選後所成立的「全國團結政府」，是由曼德拉所領導，依《過渡憲法》明定權力分享的規定，曼德拉底下有兩位副總統，第一副總統是由 ANC 的姆貝基擔任，而第二副總統由得票率次高的國民黨主席、前總統戴克拉克出任。另外在政府二十七個部長職中，ANC 分得十八個，國民黨分到六個，印卡達自由黨分到三個部長，而黨魁布什雷齊則是擔任內政部長。曼德拉當上總統後，更是背負了全國人民，尤其是大多數弱勢且貧窮的廣大黑人族群的期待。

　　對此，筆者有一番親身經歷：

　　1993 年 6 月，筆者與數位白人友人，遠赴賴索托邊境小鎮巴克里伊斯德 (Barkly East) 的一處黑人村落訪問。那兒約有海拔一千公尺高，冬天的氣溫在零度以下，偶而也會飄雪，但沒有電的簡陋房子，似不足以禦寒，沒有排水溝與抽水馬桶，一間教室充當中小學共同學校，村落旁邊即是凌亂的墳場。一位 ANC 青年團的人，遇見我這個東方人時的第一句話則是「這就是我們所住的地方」，隨後我們造訪了他的家，並看到了一幅曼德拉的相片被懸於客廳顯眼處，此時自然令人理解到，這位年輕人的期待與自信乃源

於他們心目中的神——曼德拉。

南非的第一次全國非種族的大選，不只具有民主改革的意義，也
是黑人同胞實現更好生活夢想的開端，他們都將希望放在曼德拉
身上，並成為曼德拉的使命。

第二節　曼德拉的使命

離開監獄四年後，曼德拉終於成為南非總統，但他並不是第
一位被監禁或放逐之後再掌握政治大權的非洲黑人，如 1957 年迦

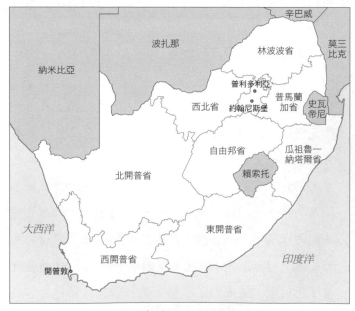

圖 41：南非地方行政區劃圖

納 (Ghana) 的恩克魯瑪 (Kwame Nkrumah, 1909–1972)、1960 年代肯亞 (Kenya) 的肯亞塔 (Jomo Kenyatta, 1897–1978)，以及 1980 年辛巴威的穆加比 (Robert Mugabe, 1924–) 等，都是早於曼德拉掌權的非洲黑人領袖。但是與這些國家相較，南非很不一樣，因南非可以算是撒哈拉沙漠以南非洲最現代化、工業化的國家，而主政的 ANC 並非經過政

圖 42：曼德拉

黨政治下的多次選舉後才崛起，所以它對民主代議政府之運作，可以說是毫無經驗。曼德拉上臺後，最重要的問題是經濟重建，以及如何正確與有效地發揮國力，其它重要的安排如人事、以白人為核心的軍隊忠誠問題，還有收服白人人心、轉型正義與制定永久憲法等，都是迫切且環環相扣，這都是七十六歲高齡的曼德拉總統所須面對的挑戰。

一、經濟重建

南非首度全國非種族的大選結束，對內而言，是新政府對黑人同胞實踐更好生活承諾的開始；對外是新政府宣示著南非已完全重返國際社會，尤其仰賴藉助國際力量來協助南非經濟重建。為此，南非政府邀集民間與政府，在 1994 年 9 月提出《重建與發

對於沒有參加大選的白人右翼組織，曼德拉先拉攏較為溫和的保守黨，以孤立更極端的右翼組織（如 AWB）。此外，曼德拉為了讓阿非利加人對他放心，他率先挽留了總統府內的白人公務員，並且不顧總統府安全部門黑人主管的反對，讓前白人安全人員加入了保護曼德拉的行列。曼德拉致力於塑造黑、白團結的氛圍，而最能激發出民主南非黑、白團結，以及扭轉白人族群對曼德拉印象的重大事件，即是 1995 年「世界盃橄欖球錦標賽」。

在電影《打不倒的勇者》(*Invictus*) 中，描寫曼德拉在南非橄欖球國家代表隊被英國打敗，幾近解散之際，他如何重拾他們的信心。曼德拉不僅否決了體育部門原先想撤換國家代表隊的球衣顏色、「跳羚」 (Springbok) 隊徽等象徵的決議，保住了阿非利加

圖 43：南非橄欖球國家隊隊長從曼德拉手中接下獎盃的歷史鏡頭

人多年來的信仰符號。另外曼德拉為了重振橄欖球隊的信心，在 1995 年世界盃開賽前，特別接見了國家隊隊長，且逐一記著每位球員的姓名，曼德拉還曾要求他們到黑人城區教黑人幼童打橄欖球。而且曼德拉在賽前更親自探望國家隊練習狀況，用心地與球員互動，最後獲得阿非利加人的信賴。

1995 年 6 月，南非代表隊在約堡球場擊敗強敵紐西蘭，

獲得了世界冠軍寶座，南非黑白人民均興高采烈時，曼德拉不僅不理會黑人同志希望他抵制這個屬於「壓迫者」比賽的忠告，反而在賽後身穿國家隊球衣，親手將勝利獎盃頒給國家隊隊長。曼德拉並站在大會會場中央，接受場內絕大部分都是阿非利加人的觀眾歡呼。在場的觀眾，無論黑、白都同樣以喜悅的心情，直接呼喊曼德拉族姓——馬迪巴 (Madiba) 或英文名「納爾遜」。

民主南非沒有發生共產革命，黑人政府也沒有針對白人數百年的壓迫進行報復，在曼德拉的主政下，呈現出相對穩定與正常的氣氛，好像所有南非人，無論黑人、白人彼此間未曾發生過什麼事，民主南非也往和平、和解的方向發展。以上片段，在《打不倒的勇者》中均有描述 ❷。

三、永久憲法的制定與「全國團結政府」的終結

南非 1993 年通過的《過渡憲法》，是永久憲法頒布前的民主南非「全國團結政府」根本大法。《過渡憲法》包含了人權條款，與確立將來制定永久憲法時，須遵守的重要原則。其中保障基本人權的部分，強調追求建立一個屬於所有南非公民，不論男性、女性與所有種族間都平等的主權國家，並禁止對所有種族、性別所有形式的歧視，綜合了聯合國 《世界人權宣言》 (*Universal*

---

❷　南非屬於大英國協，橄欖球 (Rugby) 與板球 (Cricket) 是國協中最受歡迎的運動，而橄欖球是阿非利加人在冬季的運動，夏季大多打板球，至於黑人較流行足球。

Declaration of Human Rights) 的公民、政治、經濟、社會及文化權
利等五面向，無論積極或消極的人權保障均有規定。

　　此外，《過渡憲法》確立了永久憲法須遵守的幾項原則，舉凡
三權分立與制衡原則、司法獨立與公平地執行憲法、定期改選、
比例代表制等均明列其中。 又在政府的公共部門方面，《過渡憲
法》規範未來的新憲法須確保行政中立，尤其易遭獨裁國家所濫
用的警察、軍隊與情報機構，須效忠於國家而不能有黨派色彩。
在行政區域劃分方面，不再維持過往充滿殖民地色彩的四省制，
決定將南非劃分為九個省，同時打算給予地方政府較多的權力，
以朝聯邦體制發展 ；而新憲法也須加入照顧弱勢的 《平權法》
(*Affirmative Action*) 原則。在民主南非成立後，《過渡憲法》成為
往後制定新憲法的基礎，展開為期兩年的制憲研商。

　　在制憲程序上 ， 眾議院、 參議院議員合組 「憲法議會」
(Constitutional Assembly)，在諾瑪弗沙的主持下開議，著手永久
憲法之制定工作，且盡可能依循《過渡憲法》所堅持的制憲原則。
「憲法議會」有兩年的制定時間，意即得在 1996 年 5 月前完成，
同時要再經過由十一名法官組成的「憲法法庭」批准。此憲法法
庭 ， 由曼德拉在 1964 年受審時的辯護律師查斯卡森 (Arthur
Chaskalson, 1931–2012) 主持開會 ， 以監督新憲法草案是否依循
《過渡憲法》方針來制定。

　　1996 年 5 月，新憲法草案終於出爐，隨即送交「憲法法庭」
審查，經憲法法庭要求修正後，終於在 1996 年 11 月獲得批准、
12 月再由曼德拉簽署，於 1997 年 2 月 4 日的新國會開議日正式

生效。這一部永久《南非憲法》(*Constitution of 1996*)，是犧牲不少人性命，再經過數年磨合、協商才制定出來的，新憲法公布後，一個嶄新且永久穩固的民主南非好像被建立起來，但民主南非的治安實際上卻日漸惡化，槍擊、謀殺案不斷發生。即便民主南非已無過往的政治暴力，但令人難安的社會暴力卻代之而起。

在 1996 年 5 月憲法議會批准新憲法草案前夕，代表第二大黨國民黨、同時是第二副總統的戴克拉克突然宣布，他將率領國民黨退出由各黨派組成的「全國團結政府」，同時在 12 月辭去任期至 1999 年的副總統一職。戴克拉克的理由是，新憲法未保證在 2004 年以前，給予少數政黨有分配到副總統或參與內閣的機會。他更直指此部由 ANC 主導通過的新憲法，背棄了《過渡憲法》的原則，使南非變成一黨統治。國民黨雖想擔當一個強而有力的反對黨，但由於它背負了過去種族隔離時代的原罪，無論再如何努力，終難以獲得非洲選民的信賴，只好黯然退出政治舞臺。戴克拉克於 1996 年 8 月辭去國會議員職務，同時很不光彩地退出國民黨。1997 年 2 月，國民黨秘書長梅耶 (Roelof Meyer, 1947–) 提議解散國民黨、重起爐灶，而後他便退出國民黨，並於同年 9 月建立「聯合民主運動黨」(United Democratic Movement Party)。

四、轉型正義與「真相與和解委員會」

非種族的民主南非雖然建立了，但是數十年白人獨裁統治與種族隔離制度，造成無數非洲人民心中的陰影與創痛，這亦非他們心中的神——曼德拉一上臺就可撫平。畢竟許多冤假錯案真相

不明，甚至連受難者的屍骨仍不知去向，曼德拉要黑人們忘卻仇恨、選擇原諒，但沒有「真相」該如何原諒？這個精神與心理層次的轉型正義，曼德拉勢必得有所作為，因此組織「真相與和解委員會」(Truth and Reconciliation Commission)，這個委員會確實發揮功能，為曼德拉做到團結和諧的第一步，並獲得全世界讚賞。

所謂的「轉型正義」，基本上是指轉型中的新興民主國家，對過去威權政府的錯誤暴行和不義的行為進行處理，而且處理結果必須符合公平正義的期待。申言之，轉型正義不但得彌補受害者的生命財產及精神損失，也要讓加害者受到應有的懲罰，同時也對未來的掌權者有警惕作用，以確保悲劇不再發生。

曼德拉就任總統後，以其在國際上崇高的聲望，奔走全世界，除了為南非爭取重建資源外，也熱衷於世界人權與和平事務。尤其面對數十年危害人權、壓迫廣大有色族群的前白人政府，卻不以報復回應。曼德拉曾言，世上除了希特勒對猶太人的種族滅絕外，再也找不到任何制度或辭句，比南非的「種族隔離」更為邪惡。民主南非為了促進種族和諧與團結，對過去種族隔離時期的種種罪行，雖選擇寬恕但不是遺忘，而這個觸動人心的任務就交予「真相與和解委員會」。

1995 年，民主南非通過《促進國家團結與和諧法案》(*The Promotion of National Unity and Reconciliation Act, 1995*)，並成立調查歷史真相、促進族群和諧的「真相與和解委員會」。1995 年 11 月，曼德拉邀請諾貝爾和平獎得主屠圖大主教，主持這個由十七位委員所組成的委員會，此委員會再分三個次級委員會，分別

處理：⑴破壞人權；⑵特赦；⑶賠償與修復／撫平的工作。該委員會處理 1960 至 1994 年三十四年間，相關迫害人權的非正義事件。但該委員會的處理手段，並非效法第二次世界大戰的紐倫堡大審 (Nuremberg Trials)，未追訴加害者加以正法，也不是無條件地全部大赦，而是要求加害者完全坦白自身所曾犯過之罪行，以換取國家赦免其個人相關罪責。「真相與和解委員會」於 1995 年 12 月 16 日在開普敦召開第一次會議，委員會在理論上基於諒解精神，藉由對事實、真相的挖掘，讓當年的加害者勇於向大眾坦白過去是如何迫害被害人，以及部分受害者是被如何對待，後來的境遇又是如何。委員會最後也提出真相報告，並提出賠償與將來如何防止再度發生類似事件的建議。

　　委員會進行轉型正義的賠償、懲罰與警惕，首先須以「事實與真相」為基礎，因轉型正義的第一步是「追求真相」，因此委員會自 1996 年 4 月起邀請加害者與被害者聽證，以進行發掘真相、撫平傷痕的工作。不過必須說明的是，此委員會不僅處理白人對黑人的壓迫，ANC 過往所有違背人權之作為，甚至連曼德拉的妻子溫妮曾涉入謀殺案嫌疑一事，也列入處理時程。但委員會挖掘真相的初衷，是為了團結國家、和諧社會，並非以報復為目的。1996 至 1998 年間，約有二萬名證人出庭訴說自身受害經過，加害者亦坦白陳述他們的加害過程，並求取寬恕。雖然「真相與和解委員會」直到 1999 年年底仍在舉辦公聽會，但委員會已處理超過七千人的赦免申請，且在 1998 年 10 月 29 日先提出了五大冊約三千五百頁的報告給曼德拉總統。該委員會對揭開政治受難者

與加害者歷史真相，超越了歷史上任何一個類似組織的成就。

真相獲得伸張之後，下一步就是特赦與賠償的問題。當委員會向曼德拉總統提出報告之後，約有二十萬人被委員會認定為受害者，可以得到「緊急過渡救濟金」，救濟的統一標準是，每位受害者最多得到斐幣二千元（約三百三十美元）的賠償金。而委員會的報告裡，還建議國家應支付「個人賠償金」，讓所有受害者為期六年、每年可領得斐幣二萬三千元（約三千八百三十美元）的賠償金，粗估南非政府得花費二十九億斐幣（約四億七千萬美元）。總而言之，「真相與和解委員會」的成立與運作，足以讓今日正在推行「轉型正義」的臺灣借鏡。

第三節　民主南非的國防與軍售問題

一、反種族隔離游擊隊與南非國防軍的整合

在一個民主體制尚未穩定，與民主政治文化未臻成熟的新興民主國家，對攸關國家強制力量的國防、警政與情治部門之改革，通常較為保守，或者是逐步、甚至是緩慢式的改革或整編，因為深怕既得利益團體突然反撲，造成政變或內戰。南非的情況亦是如此。

南非國防軍與警察在種族隔離時代，是維持「白人至上」思維與權益的最重要工具，而其成員主要是白人，且不僅是種族隔離制度保護者，更是信仰者。尤其南非國防軍可以說是非洲最富

作戰能力與經驗的軍隊，1970 與 1980 年代，他們是美國在南部
非洲圍堵共產黨革命的軍事力量。民主南非成立後，原國防軍無
法立即取得 ANC 政府的完全信任，但為了避免分裂與尋求國家
團結，重組國防軍成為新政府優先任務，但其過程須格外小心，
畢竟在尚未完全掌控局勢以前，不能冒著爆發武裝叛變的危險。

　　另外值得注意的是，南非國防軍的整編不僅是單純針對原白
人為主的軍人，還有白人政府原來的敵人，亦即民主之矛、阿布
拉游擊隊歸屬問題，都一併納入考量。1995 年 7 月，新政府大約
整編一萬二千名的前游擊隊戰士接受轉業訓練，同時有約一萬七
千名游擊隊戰士整編入民主南非國防軍；一個月後，政府再分批
遣散約一萬名黑人游擊隊，最初計畫將南非國防軍兵力定在五萬
人之數。不過國防部長莫迪斯 (Joe Modise, 1929–2001) 說，新國
防軍的整併將在 1999 年完成，屆時軍隊人數將由十三萬五千人裁
減至七萬五千人。此外新政府將提供斐幣二億二千五百萬元給自
願退休的游擊隊戰士。

　　大致上，新政府要進行大規模裁軍，也意謂著民主南非國內
將不會再有戰事爆發。回顧民主南非成立後的國防政策，可歸納
出國防軍的三個基本立場：(1)軍隊國家化；(2)維持國防軍之光榮
傳統及一流戰力；(3)保持相當兵力以因應可能變局。身為南部非
洲最強大的國家，因地緣政治而沒有外患問題，所以上述立場是
可以理解的。

二、軍備採購與外銷

　　雖然裁軍，但軍隊還是要求精，所以國防部長在 1997 年展現遊說能力，要求內閣同意一大筆軍事預算來更新國防設備，為此部分社會福利人士、人道主義者持反對意見，認為政府應將此預算投入學校與醫療機構。但國會最終仍批准軍購，同意向外國購買四艘小型護衛艦、四艘潛水艇，還有其它一系列軍事設備。這一龐大軍售利益，英、法、德與後來的義大利均有意搶食大餅，而義大利卻抱怨說，義大利長期以來遵守聯合國的南非武器禁運決議，然目前義大利檯面上的競爭者，卻早在禁運時期就向南非銷售武器，使義大利在此次競標處於不利地位。

　　世紀末的南非軍隊，大部分軍備較為陳舊，如以海軍而言，最近的一次軍艦採購還是在種族隔離時期的 1980 年代。1998 年初，南非專責武器採購的南非軍備局 (Armament Corporation of South Africa) 提出一份包括噴射機、潛水艇、護衛艦、坦克與直昇機的採購清單❸。而南非在種族隔離時代，由於被限制軍購，故只能自行發展武器，有的武器也享有盛名並外銷至其它國家，甚至曾經自製原子彈。然而隨著標榜民主、人權的曼德拉政府上

---

❸　1993 年 10 月，筆者曾經有一次隨著大學參訪團，參觀開普敦海軍基地，並短暫的搭乘軍艦到外海繞一圈。當筆者一登上軍艦，其海軍人員得知我來自臺灣時，就立即指著艦上的飛彈告訴筆者說，它來自臺灣，筆者認出那是臺灣自製的「雄風飛彈」。可見當時兩國因有邦交而軍事交流頻繁，南非軍事基地到處留有兩國交流的事跡。

臺後，對其民主南非武器外銷政策有必要重新思考或調整。

曼德拉上臺之後，成立一個軍售研究發展委員會，由法官喀邁隆 (Edwin Cameron, 1953–) 主持，最後該委員會提出武器外銷與民主、人權、國際和平與安全連結的建議，也就是說，南非將不會出售武器給人權紀錄不佳的國家，而南非政府最後也接受了此建議。委員會亦建議政府必須處理軍備局的銷售經理與其兩位上司的賄賂與怠忽職守行為，導致三人因委員會報告而被迫辭職。然而國防部副部長卡西爾 (Ronnie Kasrils, 1938–) 對委員會報告卻有不同的意見，他認為武器外銷雖是種族隔離時代所遺留下來的，但建議政府也不宜因此降低軍工業的生產與外銷。

維護人權與發展經濟相衝突，讓民主南非陷入兩難，自 1994 到 1997 的三年間，即使南非政府認為武器外銷不符立國精神，但最後仍為了經濟利益，將人權立國的精神暫時棄之不顧。南非政府非常清楚武器外銷的爭辯難以平息，且將持續進行對外軍售與採購，於是南非政府只能以「反對核武」的高道德標準，來稀釋武器銷售違背捍衛人權的堅持。

三、南非武器外銷與臺灣的一段情

1997 年以前，南非是臺灣最大且最重要的邦交國，在南非受到經濟制裁的時代，他們也很想出售武器給臺灣。據統計，從 1984 到 1989 年為止，南非對我國軍售總共只有斐幣四百九十萬元（當時幣值約二十五萬美元）。然而自 1990 至 1995 年，臺灣為了鞏固與南非的邦交，向南非購買了價值約一億四千萬斐幣（約

一百五十至二百萬美元）的軍購，其中大多是軍火彈藥。又在 1991 至 1992 年初，南非軍備局原本計畫與臺灣共同研發新型的「紅隼」戰鬥直昇機 (Rooivalk CSH-2)，並出售 G-5 與 G-6 遠距射程火砲，然臺灣政府經評估後，認為「紅隼」戰鬥直昇機的投入經費過高，且向法國收購精密零件的合法性並不完全，將導致往後難以確保零件採購，因此興致缺缺而婉拒。至於南非引以為豪的 G-5 與 G-6 遠距射程火砲，則因臺灣本島東西縱深不長，實用性甚低，所以這兩項軍備終究未引進臺灣。

雖臺灣政府曾向南非說明，我國防衛戰略較著重於海、空軍，戰鬥直昇機雖有其特點，但經衡量後，婉拒參與合作開發「紅隼」戰鬥直昇機。然而不久之後，臺灣政府卻向美國採購了「眼鏡蛇」戰鬥直昇機 (AH-1 Cobra)，讓南非政府相當失望。依南非軍備局的統計，從 1980 年到 1995 年，臺灣總共只與南非進行約斐幣四億六千五百萬元且無關緊要的軍事採購，僅占臺灣年度國防預算的 1.5%，對此南非大表不滿。1992 年 5 月 12 日，南非政府官員向當時的戴克拉克總統提出備忘錄，稱「在富人餐桌上，南非只能爭到一點麵包屑」，以表達與臺灣軍事合作現況的強烈不滿，使兩國每半年舉行一次之「歡欣會議」也逐步取消。整體而言，由於臺、美軍事合作太緊密，使得軍工業發達的南非，雖與我國有長達二十年的正式外交關係，但對我國的國防科技與軍事採購，沒辦法有太多的投入與合作。

第 V 篇

民主南非的外交政策

重返國際社會與區域大國雄心

第一節　國際孤立時期的南非

一、種族隔離政策導致國際孤立

今日南非看似是非洲強權與區域大國，但在 20 世紀中葉至 1980 年代，它幾乎被全世界所制裁、孤立。之所以如此，種族隔離制度當然是主因，又因種族隔離制度受到國際關注，南非政府所主導攸關危害人權的重大事件，亦不斷地發生，如 1960 年的「夏弗屠殺事件」、1976 年的「索威托事件」與 1977 年的「比科謀殺事件」(Biko Murder) 等 ❶，還有長期以來南非政府對黑人抗

---

❶ 比科 (Steve Biko, 1946–1977) 是在 1970 年代提倡「黑人覺醒運動」的一位政治行動家，他認為黑人被不平等壓迫統治與奴化教育多年後，不少黑人自認為低人一等，故他要重建黑人同胞的民族信心。他在德班就讀醫學院時成為一個政治活躍分子，1970 年代初期，他將運動帶

議群眾非人道的反制與作為，均讓全世界對南非的印象壞到谷底。

其實除了種族隔離制度的因素外，還有一個遠因是南非兼併「西南非」的企圖心。第一次世界大戰後成立的國際聯盟 (League of Nations)，世界各國均冀望它能夠維持國際秩序，避免世界大戰的再次爆發。而「西南非」顧名思義，即是地處非洲西南部的南非西北部地區，該地在 1989 年獨立為今日的納米比亞。不過「西南非」在一次大戰後，曾被國際聯盟委託暫時託管給南非，託管並非擁有主權，而是暫時的行政管理，以為將來的獨立作準備。可是到 1945 年二戰結束後，國際聯盟為聯合國取代，南非卻藉口國際聯盟已解散而直接併吞西南非，重創了南非的國際形象，導致戰後數十年間，國際紛紛對南非祭出反制手段，無論是經濟上的制裁，還是政治上的斷交、拒絕南非參與政府或非政府國際組織等等。以下僅就聯合國、非洲團結組織（Organization of African Unity, OAU，2002 年更名為「非洲聯盟」[African Union]）與南非政府的互動，以及南非外交與國際組織之參與，來說明南非被孤立的情形。

到校園以外，希望能教育當地黑人並改善他們當下生活的社會條件。1973 年，由於他舉辦了一些活動而受到當局的注意。1970 年代中期，他的運動間接刺激與鼓動了黑人城鎮自 ANC 與 PAC 被禁後看似沉寂多年的示威遊行風潮，觸犯了少數白人政權的大忌。1976 年索威托事件後到 1977 年中期，南非的黑人城區暴動頻繁，「黑人覺醒運動」領導者比科就成了政府緝捕的對象，後來他被捉，並在獄中受到刑求至死。

在聯合國方面：印度在 1946 年爭取獨立的過程中，因為南非印度裔受到歧視，就曾向聯合國抱怨南非的種族分離制度。1948年，當「種族分離」開始強化為「種族隔離」時，由於南非違反國際法與《聯合國憲章》中有關尊重人權、不可種族歧視等條款，故聯合國大會與安理會譴責南非種族隔離制度違背人性，亦對世界和平與安全構成威脅。1961 年，聯合國大會曾要求會員國與南非斷交並終止與南非的商業行為；1963 年，聯合國更呼籲會員國對南非實施武器禁運；1979 年，採取石油禁運；1985 年，連文化性交流、任何經濟行為都不允許與南非有所往來。更諷刺的是，南非雖是聯合國創始會員國，但卻在 1974 年被拒絕出席聯合國大會及其大部分的附屬機構。南非在 1979 年、1981 年兩次要求出席聯合國大會為自己權利辯護，但未獲允許。

在非洲團結組織方面：許多 1960 年代後獨立的新興非洲國家，一獨立即加入聯合國，並且與聯合國保持緊密的關係，而獨立後的非洲國家於 1963 年建立非洲團結組織，以促進非洲國家的團結及和平、協調、合作，加強彼此間的社會、經濟發展，以及提升非洲大陸的生活品質為目標。非洲團結組織也有共同基本外交政策，對實施種族隔離的南非採一致立場。1963 年，非洲團結組織呼籲會員國對南非採取全面的經濟抵制，並募集特別基金，支持各種非洲民族解放運動。非洲團結組織亦提出「摩加迪休宣言」(*Mogadishu Declaration*)，呼籲非洲國家不要與種族隔離的南非政府對話。然而由於非洲團結組織能力有限，在解決非洲政治衝突、經濟整合方面的成就非常有限，因此對於南非的非人道政

策與制度，也只能呼籲有更大影響力的美國來共同制裁南非。

在國際外交方面：據統計，1987 年時南非只能參與二十七個政府間的國際組織，在 1986 至 1988 年間也只有兩位外國元首訪問南非。而波塔總統在其任內唯一到訪的西方國家是西德（1988年），並順道去瑞士進行私人渡假行程，同年又到南部非洲的馬拉威、莫三比克和薩伊（Zaire，今剛果民主共和國 [Democratic Republic of Congo]）做親善訪問，均顯示南非外交只局限在南部非洲。1988 年，南非國外只設立二十五處大使館，而相對地也僅有二十三國在普利多利亞設立使館。

在國際組織的參與上，當時五十個非洲團結組織會員國中，只有馬拉威與南非有大使層級的外交關係，莫三比克、辛巴威、史瓦濟蘭、賴索托與東非外海島國喀莫爾 (Comoro) 及模里西斯 (Mauritius) 有互惠性貿易代表處的設置。當時在亞洲只有中華民國與南非有全面外交關係，兩國邦交起於雙方皆是被國際環境孤立下的國家，而雙方於 1998 年斷交是南非已經重返國際社會，成為正常國家後的必然結果。南非「改變中國承認」議題亦是民主南非所面對的外交重大議題，容下一章再述。

二、國際社會的逐步接納

在二戰剛結束時，南非在國際社會仍受到一定尊敬，然而與人權相悖的種族隔離政策，與 1950、1960 年代興起的去殖民思潮顯得格格不入，故即便同是歐洲移民所建立的其它白人國家，也與南非產生對立。到了 1970 年代，南非不僅失去國際社會的尊

敬，還得開始面對國際地位降低與遭受孤立的挑戰。到了 1970 年代末，波塔繼沃斯特 (B. J. Vorster, 1915–1983) 接任總統，曾一度想改變這種孤立的外交困境。可是 1980 年代，波塔強硬鎮壓手段不斷激起黑人動亂，反使南非國際形象再次陷落谷底。直到 1991 年 6 月起，南非宣布廢除所有種族隔離法律，並正式進入「後種族隔離的協商時代」，國際社會才開始對南非另眼相看，逐步解除對南非的限制。

　　1990 年 2 月，戴克拉克總統宣布釋放曼德拉並開啟協商民主憲法後，就試圖重返國際社會，然而外界打算先觀察南非的民主改革進程，再判斷是否逐步解除對南非的制裁或孤立。1990 年，戴克拉克訪問數個非洲、歐洲國家，也訪問了美國；1992 年，南非重返西班牙的巴塞隆納奧林匹克運動大會；1993 年 11 月，美國總統柯林頓簽署法案，終止對南非七年來的經濟制裁，根據該法案，南非以後將可以取得眾多國際金融機構的資源。此外，柯林頓也呼籲美國各州、地方政府與民間機構，同時解除對南非的制裁。但是國際社會完全接納南非，則要等到民主、非種族的民主南非誕生後，才真正實現。

第二節　民主南非的區域大國雄心

　　在種族隔離時代，南非雖然基礎建設、工業技術與財富等均已睥睨全非，但因惡名昭彰的種族隔離制度，而讓國際社會對它保持距離，甚至進行國際制裁。1994 年 5 月，民主南非成立後，

國際孤立的主因消滅了，當然隨即重返國際社會。1994 年，南非重回三十三年前被逐出的大英國協，聯合國也解除對南非的武器禁運，並讓南非重回聯合國大會與聯合國教科文組織 (United Nations Educational, Scientific and Cultural Organization)，與受邀加入「非洲團結組織」和「南部非洲發展共同體」(Southern African Development Community)，也立即成為歐盟與美國的商業伙伴。自此以後，南非重返國際舞臺，且在南部非洲有舉足輕重的地位。

　　但南非並不以此為滿足，長期以來即使南非受到國際孤立，仍是非洲舉足輕重的國家，民主南非成立之初更是享譽全球，又因有曼德拉的國際聲望，南非政府便想扮演更積極的國際角色，以下就由曼德拉擔任和平使者、南非參與非洲維和，以及爭取成為代表非洲的安全理事會常任理事國等幾個事件說起。

一、和平使者曼德拉與民主南非的非洲維和行動

　　早在 1970 與 1980 年代，波塔總統為了呼應國內改革與改善非洲南部國家彼此之間的關係，曾以商業領袖合作之思維，創立「南部非洲國家聯合集團」 (Constellation of Southern African States)，強調各國施政要彼此尊重各國不同的文化與傳統。而在對外政策方面，他呼籲南部非洲國家面對世上超級強權的衝突要採取中立政策，並且以南部非洲的利益為優先。但是波塔的計畫因南非聲名狼籍而成就甚少，民主南非的領袖曼德拉則較可能有所作為，雖然他也不是全能。

　　民主南非成立後，南非立刻加入非洲團結組織，成為非洲國

家的伙伴，共同協力解決非洲大陸的問題。如南非曾介入剛果民主共和國、安哥拉與賴索托等國的政治衝突，以維護非洲和平。再從 1994 年以後，南非也經常派員加入非洲團結組織代表團，一起受派至奈及利亞 (Nigeria)、烏干達 (Uganda)、坦尚尼亞、衣索比亞 (Ethiopia)、喀麥隆 (Cameroon) 從事選舉觀察計畫。1995 年時，南非與埃及 (Egypt)、阿爾及利亞 (Algeria)、奈及利亞等國，皆負擔整個 1995 年度非洲團結組織預算的 7.5%，為各國中最高比率者（其它國家所交會員會費比率界於 0.75 至 7.5% 之間）。1998 年 10 月，南非內閣提出《參與國際維和任務的白皮書》(*White Paper on South African Participation in International Peace Missions*)，被認為是由後冷戰時代國際維和任務的發動，到「後索馬利亞」(Post-Somalia)「非洲自助概念」(Notion of Self-help) 之轉變。1999 年 4 月，南非國防軍已動用了四萬五千人次的士兵，在非洲二十六國執行維和任務。

曼德拉自 1990 年出獄後，就成為世界鎂光燈的焦點，他的聲望在 1993 年 10 月與戴克拉克共獲諾貝爾和平獎時更是達到巔峰，直到他 2013 年 12 月逝世。曼德拉很能利用他的國際聲望，來為南非、非洲甚至整個世界做出貢獻，在繁忙公務中抽出時間為國際和平與解決非洲紛爭而奔波。例如呼籲印度與巴基斯坦終結克什米爾衝突、批判以色列政府拖延與巴勒斯坦的和平談判等。除此之外，當美國總統柯林頓於 1998 年訪問南非時，南非政府迫於非洲集團的壓力，在與柯林頓的記者會中，公開宣稱南非將與利比亞、伊朗保持密切關係，而不與美國同一步調。同時曼德拉

經濟團隊在與歐盟長久、折磨的相關談判中,也展現自主且堅韌的一面。

但曼德拉是人而非神,他並非在國際事務處處如魚得水。1995 年,曼德拉與姆貝基一行人前往奈及利亞,要求其領導人歐巴查將軍 (Sani Abacha, 1943-1998) 釋放政治犯未果,使南非陷入兩難。又 1997 年 5 月,曼德拉為了調解薩伊內戰而前往該國,企圖說服反抗軍領袖卡畢拉 (Laurent Kabila, 1939-2001) 停止進攻首都金夏沙 (Kinshasa) ,同時會晤幾近崩潰的莫布杜 (Joseph Mobutu, 1930-1997) 政權。然而曼德拉誤判情勢,認真嚴肅地與莫布杜洽商,莫布杜最終則因與反抗軍的談判失敗而流亡,使曼德拉的努力徒勞無功。1996 年,促進史瓦濟蘭民主化計畫亦以失敗告終。雖然曼德拉國際聲望如日中天,但國際干預能否成功,乃基於一國領導人的智慧、決心與國際上最現實的國家實力,光靠個人魅力是難以成事。

雖然曼德拉的國際干預沒有輝煌政績,但進入 21 世紀的民主南非,為了顯示它的非洲龍頭地位,也想在聯合國這個最大的國際政府組織,有一個代表區域強權的領導角色,那就是爭取安全理事會常任理事國席次。

二、爭取聯合國安全理事會常任理事國席次

1994 年,洗刷種族隔離汙名而獲得民主成就,加上長久以來是全非洲基礎設施最好的民主南非,不僅擺脫國際孤立,終於能昂首於世界,更企圖在國際舞臺上扮演代表非洲的重要角色,而

這個舞臺則是指聯合國安全理事會常任理事國的席次。1993 年，聯合國大會決議 (Resolution 48/26) 建立一個開放性且無特定立場與期限的討論平臺，以研究公平、平等代表參與聯合國安理會常任理事國的議題，這個由當時一百八十五個會員國所組成的平臺，自 1994 年 1 月起定期討論相關議題。

1994 年 5 月 10 日曼德拉就職 ， 聯合國秘書長蓋里 (Boutros Boutros-Ghali, 1922–2016) 宣稱南非完全重返國際社會。從種族隔離到國家重建，民主南非很自然地重建外交政策，也想在國際社會扮演重要角色。曼德拉在 1993 年時曾言，將來南非外交政策將基於以下數個目標：(1)世界各國之人權事件；(2)促進世界民主，以解決人類問題；(3)依正義、國際法來指引國際關係；(4)非洲大陸的利益是南非外交政策優先議題；(5)與區域及世界經濟合作，促進南非經濟發展。

2004 年 9 月，南非總統姆貝基對聯合國提出嚴厲批評，清楚地表達南非爭取安理會常任理事國的企圖心。2004 年，聯合國秘書長安南 (Kofi Anna, 1938–) 任命 「威脅、 挑戰與改革研究小組」， 提出 《一個更安全的世界 ： 我們的共同責任》 (*A More Secure World: Our Shared Responsibility*) 報告書。此報告舉出影響未來國際秩序、人類安全的主要威脅，如：(1)貧窮、傳染病與環境破壞等經濟與社會威脅；(2)核生化武器的擴散；(3)恐怖主義；(4)跨國性的組織犯罪。為了防制這些問題，聯合國改革小組提出了安理會改革的建議，其中包括安理會成員須反映國際現狀，並且由目前的十五國增加至二十四國。

　　然而，要成為區域強國的民主南非，若想爭取成為安全理事會常任理事國，其外交政策就得跟著世界潮流走，且須得到世界強權支持或至少不致反對。不管民主南非欲改善國內經濟，或是企圖成為非洲真正且長久的龍頭，或者是想成為安理會常任理事國，都不能無視 1990 年代後的「中國崛起」這個因素，因此它與中華民國的外交關係，亦即「與中國關係正常化」的議題，勢必浮上檯面以重新審視，否則它想與在非洲影響力日漸強大的中國打交道，或是想在聯合國的國際政治舞臺上有所作為，均難以如願。

第十五章 ｜ *Chapter 15*

民主南非和中國關係的正常化

第一節　與中華民國的外交關係

　　南非與中華民國都是聯合國成立時 （1945 年） 的創始會員國，但中華民國在 1949 年因國共內戰失利，中央政府被迫撤退到臺灣，中國共產黨在中國大陸成立中華人民共和國（以下簡稱中共）。1950 年因韓戰爆發，冷戰形勢加劇，以美國為首的自由世界對中共進行圍堵，故中共雖革命成功，但並未使他們順理成章地進入聯合國。反而退守臺灣的中華民國政府還能保有聯合國代表權，以及安理會常任理事國的席位，也暫時保持國際法上的合法性。自 1950 至 1971 年間，我國無時不在為保住聯合國會籍而努力，雖然當時身為安理會常任理事國，但面對日益險惡、不利於我國維持會籍的國際環境，中華民國在聯合國時代，實不便相悖於聯合國主流外交政策，而與南非建立正式邦交。南非普利多利亞大學歷史學博士林松煥稱 1948 至 1971 年間，中華民國與南

非之邦交是處於「相當勉強關係時期」(Period of reluctant relations)。事實上，當時我國最初與南非談不上有任何重大外交連繫，直到 1971 年 10 月依聯合國大會 2758 號決議案，中華民國被迫退出聯合國，而南非也在 1974 年被聯合國大會停權後，才使雙方在 1976 年建立大使級的外交關係。

1988 年，李登輝繼任總統後，開始進行政治改革，在臺灣進行「寧靜革命」。在 1980 年代末，我邦交國始終維持在三十個左右，所有邦交國中，尚包括具有指標性的韓國、沙烏地阿拉伯與南非這三個國家。但時序甫進入 1990 年代，1990 年 7 月沙烏地阿拉伯就與我國斷交，兩年後的 1992 年 8 月韓國也與我國終止正式外交關係。從那時起，除了南非外，與我建交的國家中，不是在國際社會上無足輕重的國家，就是小國或迷你國家。所以如何讓南非改變對中國外交承認，也是中共不斷封殺我外交生存空間時，相當重要的一環。一言以蔽之，如林松煥先生所言，中華民國與南非之關係始於 1970 年代，而在 1980 年代達到高峰，但1990 年起，因戴克拉克矢志推動政治轉型、展開民主協商，我國與南非邦交開始受到挑戰，最終導致民主南非在 1998 年正式與中華民國終止外交關係。

第二節　與中華人民共和國的外交關係

欲瞭解中共與南非執政黨 ANC 的關係，就必須先知道冷戰時期中共在非洲的角色。中共在非洲的活動是支持 ANC 推翻種

族隔離制度，因為 ANC 反種族隔離鬥爭是契合於中共的非洲政策。在 1950 年代末到 1990 年代，中共對非洲的原則與政策的基本特點是：(1)反對帝國主義、殖民主義和霸權主義；(2)加強非洲團結；(3)廣泛合作，發展中、非洲友好的原則。中共在反殖民帝國與民族主義的口號下，進行聯合陣線與武裝鬥爭之時，與 ANC 也有戰略上的交集與互利基礎，因此得以讓雙方產生所謂的「傳統友誼」。

實際上，ANC 與中共建立關係，遠早於與臺灣接觸。早在 1949 年中共成立之初，中共就對南非反種族隔離運動給予深切同情和支持。毛澤東與周恩來 (1898–1976) 曾在 1950 年、1952 年先後致電，支持 ANC 所發動的群眾運動。周恩來在致電中表示，「站起來的中國人民完全瞭解並深切同情南非非白色人民以及一切被壓迫民族的苦難，相信他們一定能夠在持久不渝的鬥爭中得到自由、幸福與解放」。1955 年的萬隆會議 (Bandung/Asian-African Conference) 上，ANC 代表們與周恩來會面，會議結束後也訪問了中共。

文化大革命 (1966–1976) 結束後，中共以更加彈性與緩和的戰略再度回到非洲，但其一反過去「革命輸出」手段——支持反叛的派系來推翻合法政府，建立共產政權，而是改為藉由支持非洲國家，提升南部非洲非白人組織對抗白人殖民政權的能力，同時獲得廣大非洲黑人族群的支持。除了為尚比亞與坦尚尼亞建築鐵路，以展現中共在非洲影響力外，1974 年左右，在尚比亞另約有八十個反殖民地武裝鬥爭之訓練基地，即使中共對它們的實際

支持並不多，但 ANC 也曾受惠於中共。

中共與 ANC 建立關係，也早在兩國建立正式邦交前的四十多年就已開始。1963 年 8 月至 1964 年 7 月，即約在周恩來第一次訪問非洲之時，ANC 與 PAC 代表團就已先後訪問中共，同時與其建立正式連繫。中共曾表示，願意向他們提供財政援助，並為他們培訓幹部。1960 年代，中共確實向 ANC 提供過援助，但事實上，直到 1970 年代為止，中共只提供過少量財政援助，其它大多僅是道義上的聲援。而當時的南非白人政府外交部亦在 1977 年時，基於自身安全之政治考量，曾派遣設計司司長范希爾登 (Van Heerden) 訪問中共。

1986 年 6 月 17 日，中共代表黃嘉華 (1926–) 在安理會中緊急呼籲國際社會徹底孤立南非，迫使其早日廢除種族隔離制度。代表團團長周覺 (1927–) 在「制裁種族主義南非世界大會」上發言，更強烈譴責南非當局，並建議大會：⑴要求南非當局無條件釋放曼德拉等領袖，取消對民族主義組織（意指黑人政治反對組織）的禁令，確實採取消除種族隔離的措施；⑵呼籲國際社會強化對南非與納米比亞人民在政治、道義與物資的支持；⑶要求安理會依照《聯合國憲章》第七章之規定，對南非採取確實且有效的制裁。1988 年 3 月 21 日，李鵬致電聲援聯合國消除種族歧視國際日，再一次地強調支持 ANC。尤其在納米比亞於 1990 年 3 月獨立後，中共則進一步地將焦點放在南非身上，並積極支持南非黑人族群的反種族隔離運動，也加強了中共與 ANC 的關係。

但就實際歷史發展而言，中共與 PAC 的關係又更為緊密。

1960 年代，PAC 就有兩個代表團往訪中共，並得到二萬美元之實質資助。在 1970 年代，中共實質支持了幾個南部非洲反抗組織，如安哥拉獨立聯盟 (National Union for the Total Independence of Angola) 和南羅德西亞境內的辛巴威非洲人民族聯盟 (Zimbabwe African National Union)，還有南非的 PAC 革命組織。相較之下，中共對 ANC 之實質支持較少且相當有限，ANC 反而從蘇聯得到較多的支持。

　　1989 年時，南非白人政府與中共雙方已互相邀訪，不過多採保密方式進行。進入 1990 年代之後，由於國際情勢與南非內部宣布放棄種族隔離政策的作用，很自然地，ANC 的眼光也就專注在南非自身。其實中共當時約有一百六十個邦交國，對它而言，多一個南非友邦的實質意義並不大。但由於南非是中華民國自 1992 年以來最重要的友邦，所以在中共全面孤立中華民國的外交策略下，與南非建交便顯得十分重要。於是中共自 1990 年代起，加快了與南非接觸的腳步。1992 年 10 月 2 日，ANC 主席曼德拉接受中共邀請，首度訪問中國大陸，並受到元首級的歡迎，隨行的還有 ANC 財務總長科比 (Thomas Nkobi, 1922–1994)，以及武裝部隊司令莫迪斯。中共還給了 ANC 一千萬美元現金，並同意供應「民族之矛」大批軍服、皮帶與個人裝備等。曼德拉初次訪問中共，讓他再一次確認彼此間的友誼，但他還無法做出民主南非成立後，就立刻與臺灣斷交的承諾，當然中共也未承諾不與當時執政的白人政府接觸。意謂著臺灣、中共可分別尋求與 ANC、白人政權同時交往，並固守與搶攻南非這個外交陣地，但中共與南非

邦交正常化的企圖心，也隨著南非政治轉型的進展而加強。

第三節　改變「中國承認」的決策過程

在「一中原則」的國際共識與潮流下，若不是因為南非受到國際孤立，它也不會在 1970 年代與同樣陷入國際孤立的臺灣發展全面外交關係。1994 年，當南非重回國際社會後，與臺灣的邦交將會受到考驗。更何況，對臺灣虎視眈眈且堅持「一中原則」而已崛起的中共，豈能坐視南非與中華民國建立邦交。

1994 年 5 月後的民主南非，基本上是一個總統制的國家❶。身為國家領袖、ANC 主席的曼德拉，以及擔任副總統、副主席的姆貝基，依 1994 年《過渡憲法》規定，總統得召集內閣會議，而除了總統與副總統之外，其餘二十七名內閣成員均由總統任命。外交部、貿易工業部和國防部是所有部門中負有涉外工作的單位，而南非的最終外交權力屬於總統，總統亦負最終責任。自從曼德拉獲釋後，他以崇高的國際道德形象，在國際社會扮演起積極角色，而在 ANC 執政後，他不只具有如韋伯 (Max Weber, 1864–1920) 所言，因其個人非凡特質所產生的魅力式權威 (Charismatic)，同時也具有理性－法理型權威 (Rational-legal

❶　無論在《憲法》還是實際上，南非總統都掌握實權，但它不同於美國與我國一樣由人民直接選舉產生，而是經國民議會議員間接選舉，使得多數黨領袖有更多機會出任總統與組織內閣，總統能絕對控制國會，又毋須向人民負責，是一種混合的制度。

Authority)。南非前駐華大使維容 (Johannes L. Viljoen, 1933-) 於
1996 年底接受《聯合報》記者訪問時曾言，南非總統對於外交政
策的制定具有充分主導權。

　　民主南非面對來自非洲國家、中共等要求與中華民國斷交之
壓力，原本曼德拉想以個人聲望來進行雙重承認，但中共「一個
中國」原則可說是鐵板一塊，所以曼德拉終究得在海峽兩岸中做
選擇。民主南非的外交政策實際上全由曼德拉主導，外長恩佐無
權決定。然而曼德拉的決策，基本上乃是依 ANC 及政府各相關
部會對內與國際環境相互影響做評估後，再提報曼德拉行最後決
策的結果。

　　與此同時，ANC 內部的前南非共產黨員勢力也日漸膨脹。如
ANC 的最高決策單位 —— 全國執行委員會 (National Executive
Committee) 的委員中就有不少共產黨員。以 1985 年為例，全國
三十名執行委員中，就有二十三名共產黨員或是共產黨的活躍支
持者，其中還包括第二任民主南非總統姆貝基，以及與我斷交時
的南非外長恩佐。

　　1997 年香港回歸中共後，產生是否在香港設置南非領事館之
問題，以及南非積極參與國際社會，外加爭取成為代表非洲的安
理會常任理事國等種種企圖，還有面對中共可能從中作梗等因素，
外長恩佐想必將所有利弊得失都提報給曼德拉作參考了吧。曼德
拉當然也明白，若不與中共建交，對南非的國際政治與利益必然
有不良影響，尤其 1997 年香港回歸，雙重承認政策又因中共的堅
決反對而難以維持，而且中共也充分利用香港回歸向南非施壓，
似乎要讓南非知道，若與中共關係沒有正常化，1997 年 7 月將是

南非駐香港領事館辦公的最後期限。如南非欲保護在香港的利益，則必須要有所選擇。在曼德拉宣布將與中華民國斷交的前一天，南非外交部還開過一場關於「中國政策」的會議。在該會議中，外交部堅持與中共建交的立場，只是尊重曼德拉總統的決定，而未逼迫他立即改變決策。

就經濟角度而言，當時的全國團結政府最迫切的工作是經濟重建，以及一圓南非人民——尤其是廣大黑人族群改進生活水準的夢。然而促進經濟繁榮、提高國民所得必須仰賴外資大量投入，如何去招商與吸引外國投資，並促進與外國之間的貿易成長以減少失業率等，政府責無旁貸，而外交部與貿易工業部 (Minister of Trade and Industry) 正是負起此任務的主要政府機關。「中國承認問題」攸關南非經濟利益的得失，貿工部門也是其外交決策高層的主要諮詢對象，而南非民間企業的聲音，往往也會彙整至貿工部。無疑地，貿工部所扮演的角色與外交部一樣不容忽視。中共於 1995 年 11 月開始，就以南非最惠國待遇為由，力促雙方關係正常化，貿工部對此亦著力甚深地加以配合。

1996 年下半年，南非外交部和貿工部等政府部門經審慎的調查研究，向曼德拉提交了一份「中共與南非關係問題」的調查報告，作出「應與中國實現關係正常化」的結論。而解決南非與臺灣邦交之問題，也成為燃眉之急。1996 年 11 月，副總統姆貝基受到南非共產黨施壓決定與臺灣斷交，曼德拉為了姆貝基日後的統治，竟讓自己承擔後續的責難，親自在記者會中宣讀將在 1998 年元月終止與臺灣邦交的聲明書，中華民國與南非兩國二十年的邦交終於劃下休止符。

South Africa

後曼德拉時代的彩虹國家

姆貝基主政時期的南非

　　1994 年曼德拉就職時，南非人民，尤其是數十年飽受種族隔離摧殘的黑人同胞，對這位被神格化的新總統充滿期待。曼德拉於 2013 年 12 月 5 日逝世，15 日葬在東開普省的故里——庫奴。時任總統的祖瑪 (Jacob Zuma, 1942－　) 與 ANC 要員在墳前說出激勵人心的頌詞，希望曼德拉這盞明燈，繼續照耀追尋與建立南非夢想的道路。歷史的重要價值在於它能鑑往知來，要論斷「後曼德拉時代」的民主南非，可由代表 ANC 且完全執政的姆貝基與祖瑪兩位總統執政時的各種面向去評斷。最後兩章將從內政、外交這兩個面向，檢視這兩位曼德拉繼任者的施政成績，以及曼德拉這盞明燈有無發生效用，同時評估民主南非的未來。

第一節　曼德拉正式卸任和第二次民主大選

　　革命型領袖在革命成功後，位居國家大位卻不戀棧權力的情形實不多見，這或許是曼德拉的處事風格之一。曼德拉表面上在

1999 年交棒給副手姆貝基，但事實上，姆貝基自 1996 年起已經掌握所有權力了。如 2003 年 6 月 19 日時，南非駐臺代表布萊蒙 (Horst Brammer) 在「政治大學國際關係研究中心」所主辦的「臺灣非洲論壇」成立大會演說中指出，自 1996 年以來，姆貝基已經是南非的實際統治者 (Thabo Mbeki had been de facto ruler of SA since 1996)，當時筆者也在現場。1997 年曼德拉從 ANC 主席職務退休，並聲稱他不再代表黨也不尋求連任，總統與主席職務就由姆貝基來填補，證明姆貝基至少在 1997 年以後，即已有效率地監管與掌理整個政務的推動。直到 2008 年 9 月被迫辭職前，政府都是由姆貝基當家。

1999 年南非舉辦第二次非種族大選，期間曼德拉曾參與姆貝基競選大會，象徵性地向選民說明其權力傳承。一如預料，1999 年的大選，執政黨 ANC 仍獲得全面性大勝，大選結果如下表：

表 5：1999 年南非全國大選結果

政黨	席　次 (括號為 1994 年席次)	得票率 (%) (括號為 1994 年得票率)
ANC	266 (252)	66.4 (62.7)
民主黨 (DP)	38 (7)	9.6 (1.7)
印卡達自由黨 (IFP)	34 (43)	8.6 (10.5)
新國民黨 (NNP)	28 (82)	6.9 (20.4)
其它	34 (23)	8.5 (4.7)

與 1994 年大選相較，總投票率雖然降低，但 ANC 得票率增加
了，印卡達自由黨得票率微幅下降，而變化最大的是國民黨。國
民黨於 1998 年分裂，並更名為新國民黨 (New National Party) 參
加 1999 年大選，然僅得到 6.9% 的票數，其國會席次也由原八十
二席驟降至二十八席。而民主黨 (Democratic Party) 在白人選區獲
得高度支持，並且逐漸取代國民黨成為國會主要的反對黨。

　　ANC 的支持度之所以能再上一層，主要是南非的政黨政治與
種族有結構性的關聯。黑人是南非最大的種族團體，所以相較於
白人與其它種族，具有人數上的絕對優勢，ANC 自然是最受黑人
族群支持的政黨。雖 1994 年曼德拉執政後，多數白人認為犯罪率
增加、愛滋病疫情惡化、經濟成長緩慢，然而對廣大黑人而言，
與種族隔離時代被壓迫的情況相較，普遍黑人認為民主南非政府
成績還算可以，無論是在水電配送，或者是住屋、醫療院所的建
設上，均有所表現，廣大黑人族群的生活條件，確實獲得一些改
善。即便改善速度不是很快，在曼德拉與姆貝基前五年的共治下，
他們的政績暫且能維持黑人族群對 ANC 的信心。

第二節　姆貝基其人與總統任內的政治衝突

一、姆貝基的經歷

　　一位民選的政治領袖在退休之後，再以民主方式和平交棒給
下一任繼承者，在擁有五十四個國家的非洲大陸中，此種民主方

式取得政權，再以和平方式轉移權力，是非常難得的事。所以與1994 年民主南非成立一樣，曼德拉將權力和平地移交姆貝基，同樣具有歷史意義，甚至可視為非洲民主政治的另一個典範。而民主南非第二任領導人姆貝基究竟是何方人物？

　　姆貝基是科薩族人，1942 年出生於建立最早且最大的川斯凱黑人家邦伊達提瓦 (Idutywa)，其父也是 ANC 的活躍分子。在父親耳濡目染下，姆貝基於十四歲就參加了 ANC 青年團，十七歲那年因參與政治抗爭而中斷學業，後來搬到約堡成為席蘇魯的門生，並擔任「非洲學生會」(African Students' Association) 秘書。1960 年代初期，姆貝基受 ANC 之命離開南非，遠赴英國工作與求學，於 1966 年在蘇薩斯大學 (Sussex University) 獲得經濟學碩士學位；1970 年，前往蘇聯接受軍事訓練，之後又到尚比亞的首都盧沙卡 (Lusaka)，擔任 ANC 革命委員會的助理秘書，再前往波札那、史瓦濟蘭、奈及利亞為 ANC 設立據點，之後又返回盧沙卡擔任 ANC 主席譚波的情報部主管，直接指揮反種族隔離的各種行動。姆貝基也長期被南非白人政府列為海外黑名單，直到 1990 年 ANC 解禁後才返國，成為 ANC 與白人政府談判的要角之一。

　　姆貝基上臺後，外界對他的普遍印象，是曾經被白人政府放逐而不得歸國的知識分子，同時也擔任五年曼

圖 44：姆貝基總統

德拉時代的副總統。而他主持的政府，基本上就是他過去五年副總統任內所建立與運作的政府。但不同的是，副總統時期名義上還是曼德拉治理下的新南非，而 1999 年以後，姆貝基已名實兼備且沒有曼德拉的庇蔭，要站在最前線擔負全責。與此同時，姆貝基任命了未受正式教育，但卻長期是 ANC 的活躍分子，而且自 1997 年以來擔任 ANC 副主席的祖瑪為副總統。祖瑪是祖魯族，姆貝基起用他當副手，是為避免受媒體批評只重用科薩族同志治國，是基於「族群平等與和諧」的人事安排。

二、第一任總統任期：族群政策與 ANC 黨內紛爭

1999 年大選，讓 ANC 得到三分之二 (66.4%) 的選票，意即 ANC 已實現了一黨獨大統治，雖然在國會有十二個反對黨，但 ANC 在國會取得二百六十六席，只差一席就能主導修憲進行。民主國家之施政通常有延續性，姆貝基上臺後的內閣，基本上多沿用曼德拉時期的閣員，不過祖瑪卻不是前政府內閣要員，因此以主、副手統治的默契而言，兩人的默契無法與曼德拉時代相比。曼德拉時代最強調的「和解」(Reconciliation)，曾經為南非的族群和諧創造美好願景。然而姆貝基於 1999 年 6 月 16 日的就職演說中，只強調人權與人性尊嚴的擴展，與重申政府面對挑戰與解決問題的決心，族群和諧似乎不再是檯面上的重要議題，然而這卻是現實的政治問題。

曼德拉時代，國家軍隊、警察與情治單位仍為白人掌控，所以曼德拉迫於現實地極盡安撫之能事，對外亦只能展現他的高度

與寬容雅量。在電影《打不倒的勇者》中，有一幕曼德拉延攬前總統戴克拉克時代的白人安全人員加入安全部門，引起黑人安全主管的不滿與抗議，理由是 ANC 既已完全執政，不應讓種族隔離時代的白人來保護曼德拉。而曼德拉卻回覆，國防安全與情治單位目前都仍是白人把持，這理由成功地說服了他的下屬。到了 1999 年姆貝基執政時，早已沒有這種顧慮了，南非白人已無造反的可能與能力。所以姆貝基的族群政策，「白人的看法」與「安撫白人」就不再是重要議題，「和解」也成為次要問題。

在內政上，為了增加黑人就業機會與稀釋少數白人在政治、經濟與文化上的權力，姆貝基大力強調且實行「為了用人而用人」的《平權法》，不顧黑人是否適才適所。首先，他撤換了已任職十年而經驗豐富，經歷戴克拉克、曼德拉時代的南非儲備銀行 (South African Reserve Bank) 白人總裁 （相當於臺灣中央銀行總裁）史托爾斯 (Christian Stals, 1935–)，改由 ANC 的黑人經濟學家恩布維尼 (Tito Mboweni, 1959–) 接任。此外，姆貝基也讓老朋友帕哈得 (Essop Pahad, 1939–) 入閣並直通總統辦公室，淡化副總統辦公室協調各部會的角色，讓姆貝基進一步掌控整個內閣。

而姆貝基與反對黨的關係不算太差，反而與昔日盟友南非共產黨、南非總工會 (Congress of South African Trade Unions) 的關係不佳。姆貝基讓印卡達自由黨黨魁布什雷齊與該黨兩位人士入閣，使得 ANC 與印卡達自由黨的關係空前融洽，甚至洽談過兩黨合併事宜。ANC 與昔日的政敵用官位化敵為友，但昔日的鐵三角——南非共產黨、南非總工會與 ANC 卻出現了分裂危機。不

過姆貝基手段靈活,讓南非共產黨成為當初他們想打倒的資本家,輕易地化解分裂危機。而 ANC 與南非總工會的關係雖然較為緊張,但是為了團結,總工會還是「含淚」繼續支持 ANC 政府。而過往最極端反對種族隔離的 PAC 與其它黑人政治組織,也沒有對姆貝基政府有任何杯葛或責難。

由於 ANC 在海外時,就受到當時蘇聯的支持,有部分領導人也曾赴蘇聯受訓,其政治文化本身就有濃厚的政黨威權性格,黨內的全國執行委員會 (National Executive Committee) 更是權力中心,因此黨內反對聲音變得微弱,尤其在執政後,國會權力被架空,ANC 議員不意外地成為橡皮圖章。而立法權被掌握後,姆貝基也不尊重獨立審判的司法單位。司法運作與政府政策不同調時,姆貝基不時會展現出對司法獨立的厭惡。可見一黨獨大後的 ANC 政府加上它的威權性格,對民主南非司法獨立或三權分立的精神有所傷害,並逐步邁向獨裁之路。

三、第二任總統任期:姆貝基辭職下臺

2004 年 4 月 14 日,南非進行史上第三次民主大選,ANC 獲得 70% 支持,在國會得到二百七十九個席次,足以一黨主導修憲。當 ANC 空前大勝,身為黨主席的姆貝基也自然就風光連任,可是第二任任期並未如此順遂。先不論政績是否亮眼,首先他得面對黨內、外進一步的政治挑戰,尤其是黨內同志的鬥爭,加上干涉媒體的惡名,導致他在 2008 年辭職落寞下臺。

1.黨外：反對黨的挑戰

　　最大白人反對黨也是前執政黨的國民黨,在 1998 年完全退出曼德拉政府,該年 12 月,為了象徵性的擺脫過去,國民黨更名為新國民黨,然而更名浴火後卻沒有重生,反而更加虛弱,因 1999 年大選,國會議員驟降剩 28 席,遭受重大挫敗,喪失國會最大反對黨的地位,而被第二高得票率的民主黨所取代。在政治現實下,開始有新國民黨的國會議員投奔到民主黨,直到 2000 年 5 月,倖存的新國民黨黨員與民主黨形成聯盟關係,同時又拉攏部分有色人種、印度裔,企圖扮演好國會最大反對黨的角色。2000 年 8 月,新國民黨、民主黨、聯邦聯盟 (Federal Alliance) 合組民主聯盟。但新國民黨於隔年宣布退出合作,退出後的新國民黨由於支持度不斷下降,終於在 2005 年正式解散。一個前種族隔離時期的執政黨如此走入歷史,十分諷刺。而對姆貝基構成挑戰的主要反對黨,便僅剩民主聯盟。

　　民主黨可視為民主聯盟的前身,但創立於 1977 年的進步聯邦黨 (Progressive Federal Party,以下簡稱進步黨),才是它們的始祖。在種族隔離時代,政治老手海倫·舒曼 (Helen Suzman, 1917–2009) 是進步黨的首位國會議員,她經常對種族隔離制度提出不同看法。到了 1980 年代,進步黨的國會席次增加到七席,並在 1989 年改組為民主黨,其中國會議員雷恩 (Tony Leon, 1956–) 在 1996 年接任黨魁後,引進了更加進步的反對黨思維,讓該黨於 1999 年的大選中獲得不少席次,正式成為南非最大的反對黨。2000 年,民主黨開始與新國民黨、聯邦聯盟合作,改組為民主聯

盟。2007 年，西開普省省長海倫吉歐 (Helen Zille, 1951–) 接任黨魁，勢力不斷壯大。民主聯盟信奉自由主義與自由市場原則，它在大選的得票率，從 1994 年的 1.7% 到 1999 年的 9.6%，2004 年增加到了 12.4%，2009 年 16.7%，都是姆貝基兩任總統任內最大的反對黨。

2.黨內：祖瑪的鬥爭

　　姆貝基自曼德拉時代就掌握實權，尤其經歷兩次大選後，似乎愈來愈背離民主價值，姆貝基除了不滿司法獨立外，他也同時干涉新聞媒體自由，導致他與副總統祖瑪透過媒體展開激烈的政治鬥爭。

　　2004 年，國會通過《反恐怖法》(*Protection of Constitutional Democracy against Terrorist and Related Activities Act*)，允許政府基於國家安全，對於國家安全部隊、囚犯、監獄與一些精神治療機構等涉及國家安全的資訊，禁止部分媒體取得或限制報導，引起媒體大力抨擊政府限制新聞自由。比如 2005 年時，南非政府即以此為由，禁止南非《郵衛報》(*Mail and Guardian*) 報導政府的各種醜聞。

　　除此之外，自 19 世紀中葉就非常盛行的政治漫畫，也引起了政府的注意。政治漫畫以幽默的方式來諷刺、挪揄與挑戰大權在握的政治菁英，這是民主國家的常態。但 2006 年，祖瑪居然因此控告漫畫家沙彼勒 (Jonathan Shapiro, 1958–)。沙彼勒出身於一個開普敦還算開明前衛的家庭，他於 1982 年加入陸軍，後來加入民主聯合陣線 (United Democratic Front)，開啟他的政治漫畫生涯，

是南非知名的漫畫家。

　而沙彼勒與祖瑪的衝突肇因於 2005 年，祖瑪當時被指控強暴一位年紀小他一半且可能感染愛滋病的女性，因此遭受司法審判，祖瑪居然在法庭上聲稱，為了避免感染愛滋病，他在「辦完事」後有去沖澡。雖然他後來被無罪釋放，但這荒謬、好笑的證詞不僅廣為人知，更被大眾揶揄。所以沙彼勒畫了一幅名為《蓮蓬頭》(*Showerhead*) 之漫畫諷刺祖瑪，讓祖瑪大感不滿，從此以後，控告媒體便成了祖瑪反制媒體的手段。在 2008 年，沙彼勒又以另一幅政治漫畫《強暴正義小姐》(*Rape of Lady Justice*) 諷刺祖瑪。該漫畫描寫「正義小姐」被 ANC 及其黨羽──ANC 青年團、南非共產黨、南非總工會壓著，並對正在寬衣解帶的祖瑪喊著「老大，快上！」(Go for it, Boss!) 祖瑪認為該漫畫對他造成名譽損害，再度控告沙彼勒並提出賠償要求。雖然政治漫畫所諷刺的主角是祖瑪，但他的行為已經嚴重影響執政黨的形象，讓姆貝基開始與祖瑪對立。

　姆貝基與祖瑪間的恩恩怨怨，可以追溯到 1999 年時，南非簽署一項價值約五十億美元的對歐軍事採購案 。 該採購案被一位 PAC 國會議員德利爾 (Patricia de Lille, 1951–) 指控有弊端，經過調查後發現，祖瑪的財政顧問兼密友謝克 (Schabir Shaik) 以及法國湯普森軍火公司 (Thomson-CSF)，涉嫌串謀操縱該筆軍火交易。既然副總統發生貪瀆案，國家相關單位也展開調查，身為總統的姆貝基也受到牽連。2003 年時，國家主任檢察官恩克卡 (Bulelani Ngcuka, 1954–) 宣稱，尚無足夠的證據可以起訴祖瑪，但事後推

測，可能因姆貝基怕事態擴大而干預司法調查，才導致祖瑪得以脫身。不過檢察長指控謝克自 1990 年起即以賄賂方式，提供二百三十八筆賄款資助祖瑪，讓自己得以標到軍售與國防承包工程等林林總總有巨利可圖的合約。謝克在受審時，也公開承認花費大筆資金，替祖瑪在恩卡德拉 (Nkandla) 家鄉的豪宅，進行與其職務安全無關的奢華裝潢。謝克以詐欺及貪瀆罪名遭判刑十五年，國家檢察局 （National Prosecuting Authority，又名為天蠍隊 [Scorpion]）也以貪汙罪起訴祖瑪❶。謝克收買祖瑪的醜聞經媒體大量報導，終於讓姆貝基難以容忍，在 2005 年 6 月解除祖瑪的副總統職務，姆貝基、祖瑪的鬥爭也進入白熱化階段。

　　與此同時，ANC 青年團也不斷地製造問題，讓姆貝基與祖瑪間的鬥爭逐漸檯面化。2005 年以前，青年團對姆貝基相當忠誠，往往姆貝基一聲令下，青年團總會擔當先鋒地去攻擊姆貝基指定的敵手。可是到了 2005 年，祖瑪的心腹恩巴魯那 (Fikile Mbalula, 1971–) 擔任青年團主席後，青年團轉向祖瑪效忠，導致姆貝基斷絕對青年團的資金與其它援助。2007 年 11 月，恩巴魯那公開宣稱姆貝基的時代已經結束，南非需要一位新總統。2008 年 4 月，同樣支持祖瑪的當馬雷瑪 (Julius Sello Malema, 1981–) 在一次爭議的選舉中當選新任青年團主席後，ANC 似乎失去了對青年團的控制。

---

❶　「天蠍隊」是由國家調查局與警察等治安與司法單位組成，專門調查政府官員貪腐行為。

　　姆貝基深知他在 ANC 的地位已大不如前，故他選擇以退為進，以一個假議題——不會進行修憲，來作為退讓條件，企圖續任 ANC 主席。所以他先聲明，不會因為 ANC 有獨自修憲的能力而修改憲法讓自己可以三連任總統，但他希望能繼續領導 ANC。只是 ANC 有其傳統，自曼德拉時代開始，ANC 主席通常就是現任或未來的總統。而祖瑪一如外界預期，在 2007 年 12 月召開的全國黨代表大會中成為新任黨主席，導致姆貝基與祖瑪兩派的支持者發生衝突。若是從另一角度來看，這同時是 ANC 內部科薩人與祖魯人間的重大分裂。祖瑪雖順利當選黨主席，但他仍有官司纏身。不過 2008 年 9 月，南非彼得馬提茲堡 (Pitermartizbury) 高等法院以程序失當為由，駁回有關祖瑪貪瀆的控告案，此舉形同掃除祖瑪在 2009 年總統大選中勝出的一大障礙，但對姆貝基而言，不啻是一大打擊。

　　法院宣判後，六十六歲的祖瑪以勝利者姿態，宣稱該判決是民主的勝利，並接受大批支持者如英雄般的歡迎，此刻祖瑪的聲望達到巔峰。姆貝基不僅黨主席連任之路受挫，而且黨內已嚴重分裂，導致他在 2008 年 9 月 25 日毅然辭去總統職位。祖瑪建議由五十九歲的副主席兼國會議員馬特蘭斯 (Kgalema Motlanthe, 1949–) 暫代總統職務，以作為 2009 年大選前的過渡。

第三節　經濟發展

　　姆貝基統治下的南非有已開發與開發中兩部分，大部分白人

仍然享受與世界上其它已開發國家人民相當的生活水準；在種族隔離時代，有色人種與印度裔的生活水準仍然比廣大的黑人族群高，雖然黑人占有 77% 的人口比例，但是只占國家總收入的 30%；相對於白人，雖然只占 11% 的總人口，卻擁有 58% 的國家總收入；有色人種與印度裔則比較合乎人口比例，分別占約 8% 與 4% 的國家總收入。民主南非誕生後，雖然以往的種族仇殺已少見，但是因為失業人口過多，衍生出社會治安急速惡化的問題。故如何遏止暴力犯罪，並提供給大多數貧窮黑人族群住屋、教育、醫療照護和提供就業機會等生活相關要素，在在與經濟成長相關，也是姆貝基所必須克服的問題。

先從經濟發展的角度來看，民主南非得吸引外資才能增加就業機會，以改善黑人族群的生活。依據南非儲備銀行 2000 年的資料，對南非的主要投資國是英國，占投資額的 49.1%，其次則是美國的 18.3%，整個亞洲也只不過是 4.5%。依照中共駐南非大使館經濟商務參贊處的資料顯示，2002 年時，中國在南非的投資總額為一億六千萬到二億美元，只雇用了約三千名當地員工。反而是中共與南非建交後，向南非傾銷勞力密集工業的廉價產品，對南非本土製造業的發展造成不良影響，降低失業率的成效非常有限。自 1994 年民主南非成立後，南非經濟成長率分別是 1994 年的 3.2%、1995 年的 3.1%、1996 年的 4.2%、1997 年的 2.5%、1998 年的 0.7%、1999 年的 1.9%，最後是 2000 年的 3.1%，對照種族隔離時代，雖有進步但不是非常亮眼。

民主南非成立以來，雖然經濟已轉變為正成長，惟長久以來

居高不下的失業率，一時仍無法解決。根據南非國家統計局於
2000 年 7 月 31 日公布之《1999 年 10 月家計調查》(*Household
Survey*) 結果顯示，依官方之標準（即調查時無工作且正在積極找
尋工作機會的失業者），失業率為 23.3%；然以廣義定義（加上並
未積極尋求工作機會而失業者），其失業率則高達 36.2%。而一般
媒體報導之南非失業率，則介於 33% 至 40% 之間。若依據南非
儲備銀行的統計，南非自 1994 年到 1999 年間，已失去了五十萬
個工作機會。2003 年時，南非政府預估若經濟成長率未達 6%，
要降低失業率則非常困難。2017 年 11 月，南非媒體披露一則由
「種族關係研究所」(South African Institute of Race Relations) 引用
世界銀行的研究報告指出，1996 年的南非，尚有一百九十萬人生
活在聯合國所謂的貧窮線以內（即每日生活費不足一美元），可是
在姆貝基第二任期中的 2005 年時，卻增加至四百二十萬人。這則
新聞引起「非政府組織」對姆貝基政府相當大的責難，是姆貝基
政府非常難堪的經濟政績。

第四節　社會問題

在許多描寫非洲生活的電影中，常出現人們住簡陋的泥土屋
或茅草房，且要走很長遠一段路去提水，晚上只有油燈可用的情
景，這亦是南非種族隔離時代黑人城鎮、部落的普遍景象。所以
ANC 在 1994 年大選時提出頗引起人民共鳴的政見——「給人民
一個較好的生活」(Better Life for Everyone)。無可否認的是，ANC

政府在 1994 至 1999 年執政期間致力於改善黑人生活，的確讓不少原來貧窮的黑人深感共鳴，但離人民理想與期待尚有一段相當長的距離。正如曼德拉在 1999 年正式退休前夕所說：「這個國家應該可以做得更好、更好」。姆貝基執政十年後的南非，究竟有沒有實現「給人民一個較好的生活」的承諾？可由水、電、住房、教育、犯罪、醫療照護與愛滋病等問題來檢視。

一、水、電公用設施

1.飲用水

南非雖是非洲較為進步的國家，然而缺水問題仍和其它非洲國家一樣嚴重。黑人社區不易取得乾淨的飲用水，水又是民生必需品之一，便成為「營造更好生活」的重要指標之一。

民主南非成立時，南非尚有一千二百萬人沒有乾淨的飲用水源，另外約有二千一百萬人的供水量不足，雖比以前略有所改善，但仍然不盡人意。在水資源與林業部 (Department of Water Affairs and Forestry) 的努力下，仍然有大約 10% 的南非人飲用來自河川或水井等水質不佳的水源，不少貧窮人家還得花費很長的時間，從遠地取水家用。於是若要讓人民有良好且足夠的水可用，涉及到三個層次，(1)水資源開發、(2)水品質管制、(3)水的輸送，都是環環相扣的重大基礎建設。雖然姆貝基在 2004 年的國家演說中強調，將在五年內讓每一位南非人都有自來水可用，水資源與林業部也在 2008 年提出鼓勵性的 「藍滴」 (Blue Drop) 法案，以確保政府提供的水資源品質，世界衛生組織 (World Health

Organization) 公開表示歡迎與支持。不過卻有人聲稱，政府的供水品質不佳，甚至部分區域的飲用水源受到礦區汙染。

《南非憲法》第 27 條明文「每一個人皆有權獲得足夠的食物和飲水」，這是保障人民有取得足夠飲用水的基本人權，同時呼應了聯合國的 《經濟、社會與文化權利國際公約》 (*International Covenant on Economic, Social and Cultural Rights*)。從比較憲法的角度而言，特別保障食物和飲水，可說是非常特別的憲法條文。可是理想終究與現實有所差距，要建立全面且有品質的自來水設施、供水系統，其花費相當可觀，所以姆貝基執政晚期，仍有數百萬南非人無乾淨水源可用，顯然還有一段很長的路要走。

2.電力事業

南非擁有非常豐富的煤礦，故燃煤發電量占 90%，天然氣發電占約 5%，而核能與水力發電則極為少量。「電力」是經濟發展的啟動機，南非的電力開發，長期以來多為商業、工礦業服務，這些產業就耗掉了 60% 的電力，家庭用電量僅占 25%。但到了 2004 年，由於人民生活水準提升，如很多黑人家庭有了電視機、電燈與暖氣，或者是改用電爐烹飪，使得該年度的家庭用電量比起 1995 年時整整多了 50%。所以民主南非時期，雖電力事業較種族隔離時期有所改善，但政府到了 2008 年 1 月，卻面臨供電不足的窘境，宣布採取限電措施。

電力缺乏，導致用電量大但為南非賺取大量外匯的礦業公司被迫停止營運，南非國家電力公司 (Eskom) 僅以考慮不周作為藉口，但是這種情況卻一再重複發生。電力問題便成為姆貝基總統

於 2008 年國家演說的重點，他一再道歉，並承認這十年來政府未完善控管國營電廠，導致此嚴重後果。但姆貝基政府不僅未建造大型電廠以解決電力荒，反而一味以政府之力，補助一些沒有經驗且缺乏技術工人，甚至是與 ANC 關係良好黑人菁英所建立的中、小型電廠，希望藉此補足供電量，這是非常嚴重的錯誤政策。政策不佳、利益輸送、人謀不臧與非專業的政治酬庸，均成為發展電力事業的障礙，這往往也是一般國營事業常陷入的困境。

　　總而言之，在姆貝基擔任副總統、總統的十四年中 (1994–2008)，估計增加了三百八十萬人有電可用，另外讓八百四十萬人有乾淨的水源，以及大約六百四十萬人有公共衛生設備可用。但對比於南非人口急速攀升的壓力，政府的建設速度終究難以讓人民感到滿意。

二、居住正義與「政府對辜本女士案」

1.住屋不足問題

　　「家」是最安全的避難所。如孫文在《實業計畫》裡曾言「居室為文明一因子，人類由之所得到之快樂，較之衣食更多，人類工業之過半，皆以應居室需要者」。南非受到種族隔離制度數十年的摧殘，「居住正義」也是姆貝基政府所強調的優先政策。

　　種族隔離時代晚期，已有不少鄉間黑人遷居城市尋找工作機會，他們沒有能力買屋或租屋，只好非法占據公有地，以簡單的物品為建材，搭建一個勉強可以遮風避雨的小屋定居下來，久而久之形成聚落。這種屋舍在南非稱為「非法營地」(Squatter

Camps)，且在民主南非時期如雨後春筍般的出現。尤其是辛巴威自 2003 年起陷入動盪，導致該國經濟更加破碎，讓大量辛國非法移民湧入南非，「非法營地」不僅大量增加，也為南非帶來嚴重治安問題，而且放眼看去，處處都是臨時屋舍，更是落後與不文明的象徵。

為了實踐「居住正義」，民主南非政府採取「協助首次購屋」與「廣興社會住宅」的策略。2004 年，南非政府興建所有權屬於政府的社會住宅，以低價或免費的方式，提供給窮人入住。接著住房發展部 (Housing Development Agency) 部長林迪威・席蘇魯 (Lindiwe Sisulu, 1954–) 提出興建免費或只租不賣的中密度住房綜合性計畫，誓言在 2014 年以前根除貧民窟問題。然不幸的是，興建過程弊端叢生，不少人入住後，沒有領到房契，更糟的是由於施工品質不良，有些房子還沒有人入住就迅速惡化成破屋。民眾笑稱政府提供的新屋比原來被迫拆遷的房子，其實沒好上多少。一個好政策落到如此下場，一般民眾認為不是政府能力不足，而是政府根本沒有意願做好。

更重要的是，南非人口結構十分年輕，當青年進入職場或成家後，就會有購屋需求，讓政府所投入的資金量、完工的社會住宅量，均難以消化龐大的購屋需求。但最令「住者有其屋」運動者沮喪的是，政府不僅無力實踐居住正義，還以粗暴手段驅離非法住民，仿若種族隔離制度的重現。政府美其名為了改善衛生、防止犯罪而大規模破壞「非法營地」，強迫人民離開居住地，引起人民抗爭，著名「政府對辜本女士案」(Gov. vs. Grootboom) 就此

圖 45：位於約堡郊區的「非法營地」

發生。

2.政府對辜本女士案

　　政府是可以依法驅離非法住民，但是這些非法住民卻援引憲法來挑戰政府，如為實踐「居住正義」而努力不懈的辜本女士 (Irene Grootboom, 1969–2008) 為此告上憲法法庭。2000 年，針對「政府對辜本女士案」，有關於政府是否有權強制拆除人民在公有地上的暫時性住所，憲法法庭做出了人民有「社會、經濟權利」的判決，政府在無法提供更好的棲身之所前，無權拆除辜本女士和開普敦運動場上數百個非法屋舍。這個判決讓「非法營地」居民士氣大振，但是無助於協助政府解決「住者有其屋」的難題。

　　雖然政府的住房發展部配合省政府與私人部門，全力為人民提供住屋，到了 2009 年 3 月，政府約提供了二百八十萬戶，讓一千三百五十萬人有了庇護之所，但時至姆貝基執政的最後一年，南非人的居住正義仍遙遙無期，為「住者有其屋」而控告政府勝

訴的辜本女士，已於 2008 年在她那簡陋的木屋中辭世，她終究未
得到自己該有的居住正義。

三、教育發展

　　自種族隔離時期實施《班圖教育法》（1953 年）後，數十年
來的黑人教育，一直被定位為培養家庭幫傭或廉價非技術性勞工
的功能，加上白人政府設立「國中之國」的黑人家邦，導致教育
政策政出多門。依據《1983 年憲法》，教育屬於「內部事務」，可
由各黑人家邦與印度裔自主管理，導致出現多達十九個部門負責
教育行政，黑人族群除了少數赴教會學校學習而接受較為正常教
育外，大多數學子都在設施、師資不足的學校接受教育，甚至是
接受非正式教育。數十年下來，它讓南非的經濟前景蒙上陰影，
更使民主南非成立後，承受師資、技術性勞力等資源不足的苦果。
為此，1996 年通過《南非學校法》（*South African School Act*），作
為改善教育的主要依據，如規定七到十五歲孩童須強制接受教育。
南非政府同時投入大量資源，以拯救瀕臨崩潰的黑人教育。

　　南非教育主要分為三個層級：一般教育（即基礎教育）與培
訓教育 (General Education and Training)、繼續教育（成人教育）
與培訓教育 (Further Education and Training)，以及高等教育
(Higher Education)。表面上，每位學童有權接受至少九年的國民
義務教育；而高等教育方面，姆貝基政府亦投入前所未見的大筆
教育經費，光是 2007 年就投注了斐幣一百六十億元（約新臺幣五
百億元），其中高等教育獲得一百三十三億元，若再加上各省支出

的教育經費，總共約斐幣八百八十七億元，約占年度總預算的
18%，遠高於其他開發中國家。

　　儘管南非政府為發展教育費盡苦心，然而事實上，只有量的
增加，質的進步卻十分有限。例如師資與課程方面，仍舊是弊病
叢生，導致中、小學生數理基礎程度較差，中等學校的畢業率甚
低；而在高等教育方面，傳統學生、教師工會的抗爭文化，加上
黑、白大學機構的整併，改變了高等教育環境的氛圍，在在均導
致教育運作失靈，影響到教育效能，甚至有論者認為比種族隔離
時代還差。

　　導因於種族隔離時代有限的黑人教育，故政府即使一時之間
希望更多學生接受教育，但首先得面對嚴重的師資不足，其次是
現有的師資大多數缺乏足夠的教學經驗，尤其最缺乏數理科目師
資。師資不足、缺乏教學經驗已是十分嚴重的問題，尤有甚者，
教職員酗酒甚至性侵學生的消息亦時有所聞。此外，黑人族群盛
行的反種族隔離抗議文化，也延續到民主南非時期，甚至發生學
生攜帶槍械並挾持同學的事件。加上教育部門經常變更學校課程，
增加教師準備課程的負擔，嚴重影響學生的學習效果，並具體反
映在中學校畢業及格率。依據調查，中學校畢業及格率在 2003 年
有 73%，但 2006 年反而退步到 66%。教育是環環相扣的，當基
礎、中等教育不佳時，連帶影響公私立大學的註冊率，為高教培
育往後社會所需人才的能力大打折扣。

　　當教育環境面臨如此困境，主政者即便有心改革，著實也不
容易，因南非有勢力龐大的教師工會，例如「南非全國職業教師

組織」 (National Professional Teachers' Organization of South Africa) 與 「南非民主教師聯盟」 (South African Democratic Teachers Union)，這兩個利益團體的會員超過三十萬，勢力非常龐大。若學校想要淘汰不適任教師，或是增加教師的工作負荷，教師工會常常給予阻力。

　　黑人教育的問題已非常嚴重，即便民主化後也改善有限，而原本素質不錯的白人教育體制反而受到教育改革波及。ANC 政府企圖改變過往種族隔離時代全是白人教職員所產生的體制與結構，故採用重組與整併的方式，「稀釋」許多在種族隔離時代就被公立大學雇用，且多數為白人的教職員。由於不少白人教職員對於民主南非高等教育政策並沒有做好心理準備或不願配合，導致經政府重組後的高等院校士氣十分低落。如筆者曾就讀於白人師生為主的波徹斯頓大學， 於 2004 年 1 月 1 日正式併入馬弗肯的西北大學 (North-West University)， 成為該大學的 「波徹斯頓校區」。2004 年 12 月 1 日，該校區來函臺灣姐妹校──東海大學，表示建校一百三十五年的波徹斯頓大學正式結束，並稱這是 ANC 政府的決定，而非波徹斯頓大學所願，足見白人大學的無奈。南非大學的平均素質，一直以來都為南部非洲國家之中最高者，然而二十年來，財務問題與校園動亂，也重創了它們的研究發展。

四、犯罪與暴力問題

　　1996 年全球犯罪統計出爐，南非成為世界上除了戰爭地區外最危險的國家。南非人花費愈來愈多的可支配收入，去保護他們

的生命與財產。社會治安的不良，有著安全圍牆的封閉住宅，或者是堡壘似的大院，成了大都市與其周邊城鎮的常景，且它將社區裡、外區隔開來，彷彿種族隔離時代的再現。有趣的是，南非各經濟產業的前景均不被看好，唯一欣欣向榮的是保險公司與私營保全業。當筆者於 1999 年返回南非時，常看到在樹蔭下休息與待命的私家保全，而這種情況在民主南非成立前是相當少見。

　　1999 年，即曼德拉正式卸任前不久，又發生兩起重大謀殺事件，突顯南非治安的敗壞，以及政府管理無策。當年 1 月，瓜祖魯－納塔爾省發生聯合民主運動黨的領導人恩卡賓岱 (Sifiso Nkabinde, 1960–1999) 被殺事件。而事件前不久，有十一名 ANC 成員被殺，所以顯然地，恩卡賓岱刺殺案是一起政治仇殺，曼德拉為此取消訪問烏干達的行程。另一起則是南韓大宇汽車在南非的要人權永國（Yong Koo Kwo，此為音譯）在約堡遇到劫車案，後遭到射殺身亡，此新聞震撼了南非外交界。而除了韓國人受害，我國人也難逃非常惡劣的南非治安。如我國外交部於 2001 年 8 月時，新派至南非履新的駐南非連絡處副代表申佩璜，甫抵達南非當日就遭遇搶劫案；2002 年，當南非臺商集體搭遊覽車前往史瓦濟蘭，以會見正在當地訪問的陳水扁 (1950–) 總統時，竟然遭遇持槍搶劫犯；2008 年 6 月，我國駐南非的「臺北聯絡處」遭到三名武裝搶匪打劫，約損失六千美元。足見南非治安嚴重惡化。

　　在種族隔離時代，暴力事件大多發生於黑人城鎮，如黑人對白人軍警的政治仇殺，白人社區的治安相對較佳。但民主南非的人民可自由流動，治安惡化演變為全國性危機。前種族隔離時期

的黑、白政治衝突，在曼德拉和諧寬容政策下，已較過去有很大改善。雖然黑、白政治仇殺幾乎消失，但民主南非的土地改革不如黑人預期，再加上黑人政治團體的鼓動，於是有黑人團體武力突襲白人農場的事件發生，導致不少白人農場主遇害❷。根據統計，2016 年有七十人遇害，而 2017 年僅統計到 10 月，就有七十四人遇害。又根據另一統計，從 1994 年到 2017 年，則發生一萬五千次攻擊事件，其中有三千一百位農場主及其家人遇害。1994 年時南非有七萬名白人農夫，2010 年時則僅存三萬六千人，2017 年則再降為三萬二千人。白人農民是南非最主要的糧食生產者，尤其鄰國辛巴威由黑人掌權後，強制徵收白人農民土地，而黑人族群卻無力接手農耕，造成嚴重的饑荒，讓民主南非政府的土地改革陷入兩難。白人農場主遇害的新社會治安問題不僅是貧窮所引發的治安的問題，也算是民主南非時期的另一種政治仇殺，它為白人社會帶來震撼，促使更多白人族群移民國外。

　　其實大多數的南非人，無論黑、白都認為種族隔離時代的治安，遠比現在好上許多，而且認為今日的 ANC 政府更為腐敗、更缺乏信心。高失業率影響了南非的社會治安，而治安不好又會

---

❷　原本南非政府計畫在 2015 年前，將 30% 的農業用地移轉給黑人族群，但由於辛巴威土地改革的殷鑑不遠，讓南非政府對原先土地重新分配的承諾保持低調，甚至停滯不前，引發黑人族群不滿。加以原 ANC 青年團為骨幹組成的「經濟自由鬥士黨」的挑撥下，讓不少年輕黑人鋌而走險，以暴力攻擊孤立的白人農場，且警察對類似事件的處理均不甚積極，如此「黑色恐怖」，讓白人農場主們人人自危。

圖 46：白人農場的黑人雇農　由於南非黑、白族群的土地擁有量失衡，導致兩族群常因土地問題而產生矛盾。

讓投資者裹足不前，如此一來便無法提供更多就業機會以降低失業率，這些因素成了循環不已的惡性因果關係。

五、愛滋病的威脅

　　1981 年 10 月 ，美國喬治亞州亞特蘭大 「疾病控制中心」(Centers for Disease Control and Prevention) 發布的醫學報告指出，洛杉磯市有五名年輕同性戀者，因免疫系統神秘失效而死亡，這是世上最早的愛滋病死亡病例。1985 年，美國好萊塢知名影星洛赫遜 (Rock Hudson, 1925–1985) 與愛滋病纏鬥一年後病逝 ，引起世人對愛滋病的關注。而南非第一個愛滋病死亡病例發生於 1983 年，三年後增加為四十六個。非洲最嚴重的愛滋病疫區位於中非，隨著南非與中部非洲國家的互動，經由陸路 （史瓦帝尼）、海路（莫三比克），或者是來自各地外籍移工而將愛滋病帶進了南非。

加上有部分黑人迷信與處女性交不僅不會感染愛滋病,甚至能治療愛滋病,導致南非每小時約有五十七件強暴案,換言之,每年約有五十萬名女性,尤其是女童甚至包括嬰兒被強暴的事件發生,相當駭人聽聞。

1998 年年底 , 南非國家衛生部門 (Department of Health) 估計,大約有三百六十萬名南非人是愛滋病帶原者,且數目還在急速增加中,其中女性帶原者的比率更是高得嚇人。就以瓜祖魯—納塔爾省接受產前門診的婦女為例,竟然有 32% 的婦女被發現為帶原者。1999 年 3 月,曼德拉在一次會議中公開承認,他們對愛滋病的防治工作非常不足,並為此向公眾道歉,然而曼德拉其子馬克佳索 (Makgatho Mandela, 1950–2005) 也於 2005 年因愛滋病病逝。到了 2017 年,依據聯合國的資料,南非人口約有 12% 是愛滋病帶原者,另外約有千分之四的愛滋病新帶原者,每年約有十一萬人死於愛滋病。

姆貝基總統承認愛滋病是一個問題,但並未承認它的嚴重性。他甚至駝鳥心態地接受部分醫生的觀點,即「愛滋病帶原者與發病者間,尚無法證明有直接關係」的看法,寧願相信南非愛滋病同肺結核都是源於窮困,並認為抗愛滋病藥物具有毒性且昂貴,所以遲遲未積極防治。直到 2003 年,在受到無數批評,甚至被告上法院之後,才開始有防治動作。然而法院裁決並無法對政府造成約束力,到了姆貝基政府晚期,衛生部長才開始免費發放抗愛滋病藥物予帶原者,並啟動防治愛滋病宣導教育,但是為時已晚。

總之,南非失控的愛滋病疫情,姆貝基絕對要負最大責任。

依據研究，愛滋病對經濟之衝擊，有以下數個重大影響：(1)愛滋病高死亡率與低繁殖力，會降低人口數與勞動力；(2)急速增加政府照護與福利支出，也增加私人喪葬支出；(3)直接造成私人企業的經營成本。在此情況下，南非未來的經濟前景絕難以樂觀。

綜合上述，姆貝基執政時期實在沒有顯著的政績，但他與其他國家領導者一樣，當內政政績不佳之時，即採取「出口轉內銷」的方式，企圖以外交成就來轉移人民的不滿情緒。

第五節　外交政策

一、非洲龍頭：南非的經濟實力

1910 年南非聯邦成立後，由於豐富的自然資源，尤其是蘊藏大量鑽石、黃金，再加上白人妥善的經營管理，讓南非一直是非洲舉足輕重的國家。又當自 1994 年民主南非成立，南非再度重返國際社會，並享有一定國際聲望的同時，配合著完善的基礎建設與貿易優惠政策，被不少已開發國家視為進軍非洲市場的重要基地。例如日本 「日產汽車」 (Nissan Motor) 與 「香港貿易發展協會」 也在約堡設立辦公室， 該協會主席方舜文 (Margaret Fong, 1963-) 曾直言，南非將是南部非洲乃至於整個非洲的貿易跳板。而有許多外商也將南非視為最具潛力的貿易伙伴，以及在非洲的營運中心。

在非洲大陸五十多國中，南非國力算是數一數二，直到 20 世

紀末，更是獨霸漠南（Subsahara，即下撒哈拉／撒哈拉沙漠以南）地區，南非 GDP（國內生產總值，全稱 Gross Domestic Product）占該區 40%。不單單非洲內部的貿易，如美國對非洲的貿易比重當中，有 60% 是對南非貿易。1997 年時，南非超越肯亞，成為非洲第一大輸入國。此外整個非洲工業產品出口額，南非即已占 40%，在礦產輸出則占 45%。1995 年，南非 GNP（Gross National Product，國民生產總額）達一千三百億美元，而「南部非洲發展共同體」其餘國家則不到四百億美元。2001 年，南非 GNP 占非洲總值 22.85%，更是南部非洲的 70.3%。由此可見，南非可謂為非洲大陸中經濟發展絕佳的國家。

南非的製造業也不容小覷。南非行動電話工業具有優越的開發能力，其國內的行動電話用戶，就占了全非洲的 40%。此外，南非電力工業也十分發達，年發電量占全非洲的三分之二，國營南非電力公司是全世界第七大電力生產和第九大電力銷售企業，不僅供應全南非 95% 用電，還可供應南部非洲的 60% 用電。1998 年，南非製造業產品有 70% 是出口到其它非洲國家，在民主南非重返「南部非洲發展共同體」後，強化與共同體內各國貿易與投資的連結，在橫跨新、舊南非的 1988 至 1997 年的整整十年間，南非從「南部非洲發展共同體」的進口總額，從斐幣五億三千一百萬元增加至二十五億元，雖然占整個南非總進口額的比率不大，但成長十分快速。與此同時，南非出口至「南部非洲發展共同體」的總額，則由 1988 年的二十億斐幣、占總出口額的 4%，成長到 1997 年的一百五十二億斐幣、占 11%。南非在非洲

南部的重要性不僅反映在工業與投資，即使是糧食產業也是一樣。2014 至 2015 年南非發生大旱，玉米減產，玉米粉價格飛漲，對以玉米為主食的南部非洲人民來說，生活更加不易，足見南非糧產在南部非洲占舉足輕重的地位。

南非在非洲的歷史角色與現實的龍頭地位，讓突破孤立後的民主南非先有曼德拉想要以其國際魅力在非洲調和鼎鼐，後有姆貝基提出的「非洲復興」(African Renaissance)，還有插手辛巴威政治的「靜默外交」，足見南非積極地想擴大在非洲的角色。

二、「非洲復興」與對辛巴威的「靜默外交」

1997 年 4 月，時為副總統的姆貝基出席美國維吉尼亞州「涉非企業委員會」(Corporate Council on Africa)，首次提出「非洲復興」的概念。他說，「非洲復興」是一條必然的道路，下個世紀必然是非洲的世紀，而所謂「非洲復興」，就是要在非洲建立真正和穩定的民主體制，讓人民當家做主，為此非洲必須消滅貪腐，而非洲復興的成功關鍵是經濟再生。姆貝基所提出的「非洲復興」計畫，讓一直將南非視為非洲龍頭的南非人民大為振奮，而南非也賦予自身以積極角色去擔任非洲國家的伙伴，以促進非洲大陸的發展與繁榮。

就歷史脈絡而言，其實「非洲復興」並非嶄新的概念，早在泛非洲主義者、迦納國父恩克魯瑪，及塞內加爾首任總統桑得爾 (Léopold Sédar Senghor, 1906–2001) 等人的思想，還有他們主政後的作為，均可察覺「非洲復興」的原始面貌。而非洲之所以需要

復興，無非是基於長期被壓迫與剝削，從 1652 年起算到 1994 年少數白人統治政權完全結束，加上出現於 1960 年代的軍事獨裁政權相繼終結（如薩伊獨裁者莫布都政權在 1996 年被推翻），才終結超過三百五十年的殖民主義、帝國主義壓迫，亦可視為非洲再生的一部分。總而言之，姆貝基的「非洲復興」經過數年的執政與宣傳，已成為一個涵蓋政治、經濟、社會、文化與科技等面向的思想體系。

　　姆貝基深知，若欲達成「非洲復興」，實繫於經濟發展的助力。身為非洲領頭羊的南非，經濟成績單必須非常亮眼，否則不足以承擔大任。雖然比起種族隔離時代結束末期，民主南非的經濟已有所進展，然本身內部問題甚多，遑論以其自顧不暇的經濟實力，去帶動整個非洲復興。南非所能做的，頂多是對南部非洲部分國家進行人道救援，例如 2000 年，南非鄰國莫三比克發生大水災，南非國防軍啟動巨大救援行動，獲得國際讚賞。

　　1980 年，辛巴威白人政權被推翻後，雖然辛巴威的國政已轉移至黑人族群手上，但自 2000 年起，總統穆加比以暴力手段沒收白人土地，造成辛巴威在 20 世紀末期經濟動盪，許多基礎民生需求陷入匱乏。2000 年起，辛巴威政府認為白人所持有土地，都是殖民時代從黑人族群手中非法取得，因此進行強制、粗暴的土地改革，沒收大部分白人土地。此舉造成境內大量白人農民出走，經濟陷入混亂。2002 年，穆加比再次獲得連任，但反對黨與勞工組織紛紛發動罷工與抗爭，要求穆加比提早下臺，而政府卻派遣軍警部隊鎮壓，引起國際注目。

那時正是姆貝基第一任總統任期，也是他推出「非洲復興」的概念不久之後，基於辛巴威與南非有特殊的歷史關係，且辛巴威在經濟上相當依賴南非，而辛巴威陷入民主危機，恰巧促進非洲民主又是「非洲復興」的核心價值，加上西方國家賦予南非促進辛巴威民主化的期待，姆貝基似乎有無可推諉的責任。然而穆加比將國家危機與反帝國主義、泛非洲主義相結合，以對抗西方世界的批評，而姆貝基不願重蹈曼德拉企圖干涉奈及利亞處決人權分子未果的尷尬事件，他只想與非洲國家保持態度上的一致，並考量 ANC 的內部意見，最後選擇支持辛巴威的土地改革，並支持穆加比政府甚至為其爭取國際社會的援助。

姆貝基對辛巴威的外交態度，完全失去身為民主國家領導人該有的立場與風格，不僅讓西方國家譁然，也招致南非國內嚴重的批評。而姆貝基的「非洲復興」隨著他在 2008 年下臺而「人亡政息」。民主南非自由化十五年，卻沒有尋覓出一條良好的外交政策，而穆加比於 2013 年以高齡八十九歲再度連任總統 （直到 2017 年底被迫辭職時❸，已高齡九十三歲），姆貝基更算是「大功臣」。姆貝基當初浪費了國際社會對南非巨大的善意，失去了促進非洲民主價值的機會，因此他的外交成就十分有限。

---

❸ 2017 年 11 月，穆加比企圖將權力轉交予妻子，引發軍方不滿而差點爆發政變，穆加比終究迫於壓力辭職，由副總統莫納加瓜 (Emmerson Mnangagwa, 1942–) 繼任。

祖瑪主政時期的南非及其未來

第一節 兩次大選與祖瑪其人

一、2009、2014 年大選

被姆貝基解除副總統職位的祖瑪，在 2007 年當選 ANC 主席，2009 年 4 月 22 日第四次大選結果，ANC 獲得 65.9% 的選票，分配到二百六十四個國會議員席次，仍然是第一大黨；民主聯盟得到 16.7 的選票，取得六十七個席次，居於第二大黨、最大反對黨；從 ANC 分離出來、由姆貝基領導的新政黨「人民議會黨」(Congress of the People) 初試啼聲，但僅僅獲得 7.4% 的支持，分到三十席，遠不如預期；印卡達自由黨得到 4.5% 的支持，分到十八席，成為第四大黨。而第一大黨 ANC 主席祖瑪順理成章地成為第三位民主南非總統，開啟他統治南非的生涯。2014 年 5 月，南非舉辦第五次民主大選，總共有二千五百多萬名選民登

記參與投票，有二十九個政黨參加競選，為史上新高。選舉結果：
執政黨 ANC 得到 62.15% 的選票，獲得二百四十九個席次，ANC
的勝利也讓祖瑪成功連任。

自從 1999 年擔任姆貝基的副總統開始，祖瑪擔任元首、副元
首長達十八年之久。然而他執政期間風波不斷，即便祖瑪不斷地
捍衛自身清白，但終究敵不過 ANC 黨內同志的挑戰，導致他在
2018 年 2 月 14 日宣布辭職。而本章重點將在祖瑪總統任內的政
績，以及他如何「從掌權到下臺」。

二、祖瑪的經歷

祖瑪何許人也？他的全名是 Jacob Gedleyihlekisa Zuma，中間
的名字 Gedleyihlekisa 在非洲語意思是 「折磨敵人時的 『嘻笑
聲』」，他另有一個氏族名馬休魯齊 (Msholozi)。前兩位民主南非
總統曼德拉、姆貝基都是科薩人，祖瑪則是祖魯人出身。1942 年
4 月，祖瑪出生於納塔爾省，父親是一名警察，但在二次大戰後
不久去世，祖瑪五歲失怙，仰賴母親當幫傭來承擔家計。祖瑪因
為家貧，無法如曼德拉、姆貝基能接受較為完善的教育，所以沒
有任何正式學歷。

他曾在 2007 年的六十五歲生日宴會上，說他在偏遠的鄉下成
長，從小幫忙放牧牛、羊，有時會拿棍子與其它孩童打架（這是
祖魯人的傳統習俗），而童年時期缺乏照顧又寂寞，所以會用石頭
獵鳥來打發時間。因沒有接受正規教育，所以全靠自學，有時會
向上過學的朋友學習「讀」與「寫」，或是向他們借書來閱讀。青

少年時期，祖瑪搬家至德班郊外一處更窮困的城鎮，當地充滿暴力，許多與他同年齡的青年都加入幫派。1959 年時，十七歲的祖瑪加入 ANC，開始參與政治。1963 年加入南非共產黨，但後來因密謀推翻白人政府而被捕，與曼德拉在羅本島服刑十年，獲釋後流亡海外，在蘇聯接受軍事訓練後，返回 ANC 擔任情報部主管。 1987 年南非政府要求莫三比克驅逐包括祖瑪在內的數名 ANC 成員，所以他被迫離開莫三比克，隨著 ANC 總部搬遷到辛巴威，擔任地下組織部門的負責人。1990 年，祖瑪返回南非，續任 ANC 情報部門主管。

　　1994 年民主南非成立後， 他並沒有馬上入閣， 而是在瓜祖魯－納塔爾省政府擔任負責經濟事務的主管，每月薪水是可觀的二萬斐幣（當時約合十五萬新臺幣）。1999 年擔任副總統時，年

圖 47：祖瑪總統（左）與前總統姆貝基（右）合影

薪包括津貼約有斐幣八十七萬元（約三百萬新臺幣），但其實還不夠他花用，畢竟他是多妻主義的擁護者，曾結六次婚，同時間內至少擁有四位老婆，截至 2016 年為止有二十一名小孩，可謂食指浩繁。

祖瑪的出身背景、政治思維迥異於姆貝基，姆貝基較在意如何當一位有效率的非洲領導人，而祖瑪則是較願意傾聽人民的聲音、瞭解人民的需要，是一位不太拘泥於西方政治風格的草根型政治人物。所以當他在 2008 年開始執政時，背負了許多人民的期待。約堡《財金時報》(*Financial Times*) 世界新聞編輯羅素 (Alec Russell, 1966–) 甚至認為若南非有幸的話，祖瑪很可能成為南非的「雷根」。而且祖瑪的魅力高於姆貝基，有非常多的追隨者，甚至有支持者願意為他付出性命，所以他能夠在黨內勝出，再當選總統，其實不令人意外。但他能否如美國前總統雷根般帶領國家復興、讓國家更強大？從他 2018 年被迫辭職看來，飽受爭議的祖瑪是讓人民失望的。

第二節　南非史上最富爭議的總統

誠如金山大學社會學教授少爾 (Roger Southall, 1947–) 所言，ANC 自祖瑪擔任黨主席之後，就開始失去控制、作風異常 (Lose the plot)，而祖瑪正是這個貪腐網絡的中心點，也由於祖瑪個人人格不佳，連帶地讓 ANC 的道德形象大大受損。繼 2007 年鬥倒姆貝基後，後來當上總統的祖瑪，首先嚴厲打壓言論與媒體

自由，接著因 ANC 的內部腐化、政治鬥爭，讓外界與不少南非人對他失去信心。

一、打壓人權、言論與新聞自由

當上 ANC 主席後，祖瑪對政治反對者展現出比姆貝基更不寬容的態度。2010 年，第十四世達賴喇嘛 (1935-) 應邀參加屠圖大主教的八十大壽，南非卻因中共因素，拒絕發予達賴簽證，屠圖為此嚴厲地批評祖瑪，稱他比種族隔離時期的政府還要壞，也徹底違背了曼德拉的人權政策，還有屠圖長期以來為自由奮鬥的精神，並言既然八十歲生日無法邀請到第十四世達賴喇嘛，未來會再邀請他參加九十大壽。此後國際人權的議題，就似乎不曾存在於祖瑪的腦海中。

在打壓媒體自由方面，2001 年，南非政府曾通過《政府資訊公開法》(*Promotion of Access to Information Act*)，讓執政黨 ANC 受到媒體的高度監督，這本是民主國家的常態，可是執政多年後，祖瑪政府卻走回頭路，於 2009 年提出《電影與出版法修正案》(*Films and Publications Amendment Act, 2009*)，該法計畫採取事先審查制度，讓這一年成了公民自由團體最沮喪的一年。2013 年 4 月又通過《國家資訊保護法草案》(*Protection of State Information Bill*) 的修正案，企圖以保密等級的方式，降低政府資訊透明。該修正案公諸於世後，祖瑪政府再度受到海內、外的嚴厲批評，祖瑪迫於壓力只好拒絕簽署生效，並將修正案退回國會，一直凍結迄今（2018 年）。

圖 48：祖瑪的競選廣告

與此同時，祖瑪在 2010 年時，繼續用訴訟手段攻擊所有批評者，他三度控告漫畫家沙彼勒，並求償數百萬斐幣，以彌補所受的尊嚴、名譽傷害。然而沙彼勒不畏祖瑪的法律訴訟，又以一幅《勃起的陰莖》來揶揄祖瑪所標榜的種族團結。不過漫畫家沙彼勒對抗祖瑪的路途上並不孤單，2012 年約堡藝廊展出一位白人藝術家所創作的畫，此畫模仿蘇聯時代挺直站立的列寧畫像，但畫中主角卻是祖瑪。最富爭議的是，畫中給祖瑪加上顯露於外的巨大生殖器，引起祖瑪支持者的抗議。該畫在展出期間被兩名疑似為祖瑪支持者汙損後，遭到藝廊移除。平心而論，這些諷刺漫畫只不過是反映祖瑪的人格特質，但對他的支持者而言，則是一種傷害。

二、ANC 的腐化與黨內紛爭

2008 年，姆貝基辭去總統職務後，馬特蘭斯代理總統職務，自然成為熱門的下任總統、副總統人選。但馬特蘭斯不像祖瑪如此積極，甚至只想競選副總統，卻都未能如願。馬特蘭斯為此抨擊 ANC 和祖瑪的核心幕僚貪腐與威權主義，同時批評南非共產

黨、南非總工會已喪失理想，成為 ANC 內部的橡皮圖章。

　　「國際透明組織」(Transparency International) 公布「2016 年全球清廉印象指數」(Corruption Perception Index)，以滿分一百分代表高度清廉，而在全球超過一百七十六個納入評比的國家或地區中，臺灣獲得六十一分，與卡達、斯洛維尼亞等國並列三十一名，而南非僅獲得四十五分屬於腐敗國家之列。2016 年，祖瑪與財政部長赫登漢 (Pravin Gordhan, 1949–) 發生政治鬥爭，也引發了 ANC 內部的理念之爭，即 ANC 要成為一個資本增值、賺錢的機器，或是赫登漢所堅持的社會正義歷史使命。很顯然的，ANC 終究選擇前者。如國營企業——南非航空、國營南非電力公司等，都已被祖瑪的派系所掌控。所以當 2013 年 12 月曼德拉逝世後，他的家人與看護曾表示，在曼德拉臥病期間，他們都盡量不讓他知道與 ANC 有關的新聞， 若讓他知道 ANC 已經墮落到這般田地，會讓他更加心煩。

　　2017 年 2 月，祖瑪在國會發表例行演說，其間政府派駐軍人進入議場，引起反對黨不滿，在議場暴發肢體衝突，最後反對黨退出議場抗議。在議場外曼德拉的半身雕像前，磚頭與安全帽齊飛，打成一團，也打破了南非國會的紀錄，讓南非國內政治紛亂達到最高潮。而祖瑪的政壇醜聞也創下了南非歷史紀錄。

　　祖瑪在 2018 年辭職下臺前，主要有七件醜聞，有兩件發生在就職總統前 （前一章已述及），有五件則是他擔任總統後才被揭發。這些形形色色的醜聞，有軍購弊案、被控強暴朋友女兒、挪用大量公款購置與總統安全無關的私人豪宅設備、與朋友之女產

下一子，另一件是與祖瑪關係良好的古柏塔家族 (Gupta Family)，其私人飛機擅自降落在國家空軍基地。又在 2017 年 10 月，媒體與反對黨揭露祖瑪在 2010 年曾收受 「皇家保全公司」 (Royal Security) 每月斐幣一百萬元的款項，且為期超過一年，而該公司也得到政府標案——能在全國所有火車站設置監視攝影機、價值斐幣四十億元的爭議性合約。

世人對祖瑪的操守有極大疑慮，而在日常生活中，祖瑪的婚姻雖然既複雜又富爭議性，但他卻是眾多兒女心目中的好父親。只是外界對他好色、貪腐等印象，恐怕是南非史上絕無僅有，且造成國際觀感不佳。再與受世人尊敬的曼德拉相較，祖瑪政績不彰、個人操守不佳，可謂聲名狼藉。

第三節　經濟發展

祖瑪就職前，政府雖已克服不少種族隔離時代不公平的政治與社會現象，但也因此衍生出新的社會問題，甚至有民主倒退的疑慮。而在經濟方面，經曼德拉、姆貝基執政後，確實比起種族隔離時代進步一點，但是離 ANC 初次競選時 「給人民一個較好的生活」 的承諾，尚有一段相當大的距離。然而祖瑪上任後非但沒有解決南非的經濟問題，反而讓這些問題更加嚴重；勞資衝突、警察暴力與外來移工的新社會問題，也變成人民的惡夢，在在限制南非經濟發展。

一、經濟成長遲緩

依官方數據顯示，經過前兩任總統的努力，南非人民在貧窮、飢餓、失業率、住房、用水、教育與健康與醫療照護方面，對絕大多數黑人族群而言雖然有所改善，但對身為一黨獨大的總統來說，祖瑪不僅無力守成，更是讓經濟成長陷入遲緩。

2008 年前後的全球金融危機，連帶地對南非造成負面作用。國外投資由 2008 年的七百四十四億斐幣（約五十億美元），到 2010 年銳減至一百一十四億斐幣。隨著經濟成長停滯不前，年輕失業人口也不斷增加，官方雖將失業率「釘」在 20%，但非政府組織估計卻是高達 40% 至 50%，是世界上失業率最高的國家，南非年輕族群的失業率甚至比下撒哈拉國家平均數 (11%) 還高出許多。依據聯合國 2010 年發布的《千禧年發展目標》 (*U.N. Development Program's Millennium Development Goals*) 報告，將南非歸類為低所得國家。又從南非的研究資料發現，47% 的南非人生活在貧窮線以下。2010 年依聯合國「人類發展指數」(Human Development Index, HDI) 排名，南非在一百六十九國中排名一百一十名；而依 HDI 所做的貧窮指數 (Human Poverty Index, HPI)，在一百三十五國中南非排八十五名。在種族隔離時代，南非的貧窮是種族問題，但民主南非卻是不分種族，且貧富差距又較過去明顯擴大。祖瑪主政時期的南非經濟，竟然與 1980 年代末陷入無政府狀態的波塔政府相去不遠。

又依世界銀行資料顯示，南非從 2010 年至 2015 年的 GDP

成長率分別是：3.049%（2010 年）；3.284%（2011 年）；2.213%
（2012 年）；2.33%（2013 年）；–1.629%（2014 年）；–1.265%
（2015 年），呈現逐年衰退。2010 年 2 月，聯合國經濟合作暨發
展組織 (Organization for Economic Co-operation and Development)
報告指出，南非是世界上社會最不平等的國家之一。2012 年「歐
睿國際」(Euromonitor) 由基尼指數 (Gini Index) 發現，南非是世界
上貧富差距最大、收入最不均的國家。民主南非成立後，貧富差
距日益擴大，如中產階級在 2006 到 2011 年間只增加 6.5%，約
470 萬人不到，只占全國人口的 10%。而形成這種財富不均的最
大因素，則是充斥全國各地方官員的貪汙與腐化。

　　歐洲信用評等機構——惠譽國際 (Fitch Group)，於 2013 年的
發展報告指出，南非日益嚴重的官員貪汙與行政效率不彰，讓社
會與經濟問題更加嚴重，不僅限制了政府改善人民生活的能力，
也失去改善貧窮階級最基本生活照顧的能力，在在引起人民不滿。
2015 年 12 月，惠譽國際又將南非債信列為「垃圾等級」(Junk
Rating)，是具高度投資風險的國家，它主要的理由有：(1)電力供
應存在危機；(2)政府債務持續成長，據估計 2015 年至 2016 年底
的政府財政負債，將增加至 GDP 的 50%；(3)持續的政府經常性
赤字，國內需求疲軟和斐幣值迅速貶值；(4)失業率高達 25.5%，
但若純以適合工作之年齡論，則高達 43%。

　　而祖瑪主政期間，不僅經濟成長遲緩，還引發新興的社會問
題，如勞資糾紛、外籍移工所導致的社會衝突與警察暴力，也為
民主南非的未來蒙上陰影。

二、勞資衝突與罷工事件

　　三百五十年來南非勞工的地位，即便在民主南非已成立二十多年後的今日，亦無太大差別。從早期奴隸制度到沒自由的奴工，再到契約勞工，礦業仰賴這一套制度而蓬勃發展。但回顧南非歷史，該勞工制度是在地方政府暴力威脅下建立的不平等制度，且在不同歷史時期以不同面貌呈現，如祖瑪主政時期，就常發生國家與資本家聯合鎮壓勞工的嚴重事件。

　　祖瑪主政期間，有一起國家對下層階級人民實施暴力的嚴重事件，發生在 2011 年自由邦省非克斯堡 (Ficksburg) 抗議政府的效能不彰，當時有名叫塔坦 (Andries Tatane, 1978–2011) 的示威民眾，他手無寸鐵地試圖阻擋向民眾噴射的消防水車時，卻在國際媒體鏡頭前被警察鞭打，並朝他胸部射擊兩顆塑膠子彈，導致他死亡。整起過程被攝影機清楚捕捉，引發國際抨擊。而國家與資本家聯合起來對抗勞工最嚴重的事件，莫過於在 2012 年 8 月 16 日，發生於西北省的「馬里卡納屠殺事件」(Marikana Massacre)，警察朝著為了薪資問題而抗議示威礦工開槍射殺，造成三十四人死亡、七十八人重傷的慘劇，接著又有二百五十名礦工被捕。此事件彷彿是 1960 年「夏弗屠殺事件」的重演。另一種嚴重事件，則是源自地方政府無力為市區與周邊外來居民提供基本服務，又因缺乏溝通而引起的抗議，不斷地在街頭發生，警察與抗議者間的暴力對抗也從不間斷。在 1997 至 2014 年間，南非平均每年約有一萬四千七百四十件抗議活動，是過去的兩倍。而最近幾年，

南非警方都將示威抗議行為歸類為暴力抗爭,總是採取暴力鎮壓。

　　所謂「衣食足而後知榮辱」,南非的社會問題都與經濟脫離不了關係。祖瑪主政時期的南非經濟與社會情況,都無法讓民主南非再現曼德拉 1994 年甫就職總統時的驕傲。而祖瑪主政期間的唯一政績,似乎只有愛滋病防治較姆貝基更為積極。他分發治療愛滋病的藥物,即俗稱 ARVs 的「抗逆轉錄病毒藥」(Antiretrovirals) 予感染的民眾,且有了成效,讓南非人平均壽命提高到史上新高的六十歲。不過依 2015 年資料顯示,十五歲至四十九歲的南非公民中,有 20% 是愛滋病帶原者,顯見南非仍有著嚴重的愛滋病威脅。

三、南非未來的經濟展望

　　南非的經濟成長主要仰賴強大的出口貿易,尤其是礦產資源的外銷,然而近年來,原物料價格低迷、全球經濟普遍不景氣,企求經濟快速成長並不容易。申言之,在總體經濟政策不變的條件下,想要增加國內消費、勞動力參與來促進經濟成長將會非常困難。

　　2010 年時,南非獲邀加入「金磚五國」(BRICS,巴西、俄羅斯、印度、中國、南非),其實這與 ANC 的領導沒有多大關係。在 1990 年代晚期到 2000 年代初期,擁有大量豐富自然資源的開發中國家,本來就能取得利多。除此之外,南非之所以能被邀加入「金磚五國」行列,有一原因是「金磚四國」獨缺非洲國家,加上中共對南非自然資源與能源有著戰略動機,因而大力邀

請南非加入。因此，除非有外在的強力因素驅動，即便南非已成為「金磚五國」，然礙於全球整體的經濟環境，還是難以給予南非任何急速且特效的正面效用。

另外，為了主辦 2010 年世界盃足球賽 (2010 FIFA World Cup South Africa)，南非政府期待能吸引四十五萬名觀光客，而花費近四十七億美元，翻修或興建九座城市的足球場。然而比賽結束後，這些足球場紛紛淪為「蚊子場」，成為南非崛起的空洞象徵，且事後統計只吸引三十萬名觀光客，觀光收益比起龐大建設支出，顯得微不足道。

而在外交政策方面，祖瑪沒有曼德拉或姆貝基的聲望，不足以帶領南非充當非洲龍頭的角色。如近年來利比亞與埃及的政治動亂、法國軍事干預馬利 (Mali)，還有西非爆發伊波拉 (Ebola) 病毒疫情，南非毫無積極作為。姆貝基曾提倡「非洲復興」，而祖瑪

圖 49：約堡正在興建中的足球場

卻只低調且不斷重彈 「非洲的問題由非洲人自己解決」 (African solutions for African problems) 的老調,充作為外交政策的主軸。

　　檢視祖瑪主政時期的經濟、社會與外交政績,在在讓彩虹國家的人民不敢有所期待。而祖瑪已經歷過國會多次的不信任案挑戰,雖然拜 ANC 一黨獨大所賜,每次均能化險為夷。但他威信嚴重受損,進而危害 ANC 形象時,他的總統地位勢將難保。

第四節　祖瑪遭罷免辭職

　　2018 年 2 月 12 日,祖瑪因過去多年治理國家不善,還有個人聲名狼藉的貪汙腐化醜聞,經 ANC 內部將近一週的密集討論後,決定依據黨章,要求祖瑪辭去總統職位。祖瑪起初自然是十分抗拒,但是在 ANC 全國執行委員會的逼迫下,祖瑪終於在 2 月 14 日透過電視轉播宣布辭職。暫代總統者,則是 2017 年 12 月產生的 ANC 新任主席,同時也是副總統的諾瑪弗沙。

　　民主南非總統提前下臺的戲碼並非首次出現,2008 年姆貝基與祖瑪發生黨內鬥爭,最後祖瑪獲勝,使姆貝基卸任 ANC 黨主席後,同時被迫辭去總統職務。民主南非成立後的二十多年,也才經歷三位總統,曼德拉因為擁有崇高聲望,且只當一任總統,甚至實際主政時間只有二年多,所以沒有發生逼迫辭職的事件。可是接下來的姆貝基、祖瑪,卻連續發生 ANC 新任黨主席逼迫總統辭職的戲碼。之所以如此,其實與 ANC 的政黨屬性及南非選舉制度有關。

　　種族隔離時代，ANC 曾一
度流亡海外，期間主要得到蘇聯
的支持，也學習到蘇聯共產黨威
權統治的性格；加上南非的中央
國會、地方議會選舉，全都採取
政黨比例代表制，議員們必須對
黨負責，而非直接向選民交代。
在這種情況下，議員自然是對黨

圖 50：南非總統諾瑪弗沙

中央馬首是瞻，使得過去反對黨對祖瑪提出的不信任案，在 ANC
議員的多數護航下，往往難以過關。如今當 ANC 都拒絕支持祖
瑪，而在野黨又虎視耽耽下，即使祖瑪曾援引《憲法》條文而拒
絕下臺，但 ANC 已與反對黨聯合，有很大的機會在國會中通過
不信任案，開啟《憲法》合法程序罷免祖瑪，屆時將引發 ANC 黨
內分裂，恐怕對 2019 年的大選造成不利情勢。祖瑪審度局勢、權
衡利害，終究決定在國會開議前宣布辭職。

　　諾瑪弗沙於 2014 年就職副總統，雖然他官商兩棲，但仍用很
強勢的政治語言，以改革者自居，聲稱將對抗貪腐，並且與 ANC
官員一同維護聲譽。然而對廣大的南非人民而言，諾瑪弗沙政商
關係兩好，也曾發生性醜聞，他能否帶領民主南非邁向美好未來，
人民不敢抱持太大期待。

結　語

第一節　南非白人的祖先來錯地方了嗎？

　　臺灣雖然颱風、地震頻繁，但地理位置十分良好。從臺灣起飛，五個小時內，可以到達東京、上海、北京、香港、首爾、新加坡等世界大城市，是處在地球繁華地帶的寶島；反觀南非位於下撒哈拉的南邊頂端，向北飛到開羅八小時，到倫敦要十一小時，往東、西兩方是浩瀚的印度洋與大西洋，除非是受殖民母國政治的衝擊，否則它遺世而獨立，似乎世界潮流對它的影響，不會太直接或太大。二次大戰以後，屠殺六百萬猶太人的德國納粹黨與種族主義，甫在歐洲消聲匿跡不久，南非聯邦卻在 1948 年，由高舉種族主義大旗的國民黨掌權，開啟南非持續近半世紀之久且惡名昭彰的種族隔離制度。

　　當白人政府於 1994 年，正式將權力交予曼德拉政府時，不少白人感嘆著「他們的祖先或許來錯了地方」。因為他們的祖先若是

移居澳洲、紐西蘭,他們可以將人口數相對較少的毛利人集中在
保留區,即便他們要求民主,可是在「一人一票,票票等值」的
民主政治下,也難以撼動人口數較多的白人群體。或如同美國治
理印地安人、黑人族群的手段,白人族群也不怕與他們進行「一
人一票」的民主政治。且即便少數的黑人屬於美國社會底層,多
數的白人也能將他們支撐起來。

可是南非的情況就完全不同了,南非聯邦建立之初,白人族
群僅占總人口的 20%,而黑人人口數比率卻愈來愈高,換言之,
白人自始至終是南非的少數族群。因此白人若想以少數之力來帶
動廣大的黑人族群,恐怕難以達成,所以為了不損及南非白人的
經濟利益,以及減緩黑人對白人的歐洲文化造成衝擊,「種族隔
離」似乎成為了白人殖民者唯一解決方法。但這並不是合理化白
人政權的「種族隔離」制度,而是說明與其它歐洲殖民地相較,
南非有著非常特殊的環境。

第二節 歷史上戰爭的勝敗關係有時十分弔詭

歷史上,戰勝的一方不一定始終能掌握權力,而戰敗的一方
不一定要再經過戰爭才能成為統治者。20 世紀初的第二次布爾戰
爭,雖然阿非利加人輸給了英國,但十年後南非聯邦成立之時,
卻是由阿非利加人出身的揚‧史幕次與路易斯‧波塔執政,甚至
在 1948 年時,國民黨獲得壓倒性勝利後,阿非利加人卻掌控了南
非政治長達四十六年,英裔白人幾乎退出政府。所以,英國人雖

在戰場上擊敗了阿非利加人，然而卻在不久之後失去了政權。可是若從更長遠的時間來看，黑人才是最終的勝利者。19 世紀前半葉，布爾人與英國殖民者聯手開拓開普殖民地東邊，數次擊敗居於大魚河的科薩人部落，讓白人聯手共同統治黑人。隨後在 1840 至 1850 年代的「大遷徙時期」，布爾人在「血河之役」擊敗強悍的祖魯人，並建立兩個布爾人共和國，如同布爾人、英國殖民者聯手以武力得天下。然而在 1994 年民主南非成立後，首任總統為具有科薩人血統的曼德拉，其繼任者姆貝基也是。而第三位總統祖瑪則是祖魯人。這兩個南非第一、第二大族群，不用武力而憑藉著民主制度，成功地統治一個疆域遠超越科薩酋長國、祖魯王國的民主南非，這也是「民主制度」比任何武器更具有威力的例證。

第三節　從不同的殖民角度看南非之獨特性

就法律觀點而言，其實南非並非不算是一個殖民地。從 17 世紀開始，南非的歐洲移民與其後代，絕大多數與原鄉斷絕關係，僅存在可跨國界的文化與血統的認同。遠從 19 世紀下半葉建立的兩個布爾人共和國開始，它們實際與原鄉——荷蘭並無任何法律上的關聯，更談不上從屬關係，第二次布爾戰爭期間，川斯華共和國總統保羅‧克魯格曾赴歐洲尋求德國、荷蘭等國援助，這是基於文化、血統上的感情因素，而非德、荷對布爾人的共和國負有法定上的義務。

　　當 1884 年的柏林會議中，歐洲強權決定瓜分非洲時，荷裔布爾人已在南非落戶超過二百年，布爾人不適合以歐洲人或殖民者自稱。當 1960 年英國首相麥克米倫 (Harold Macmillan, 1894–1986) 訪問南非，在當時僅由白人議員組成的南非國會演講，告訴南非統治者們「改變之風」(the Wind of Change) 正吹向位在非洲、由歐洲人所建立的殖民地，非洲人與殖民者間之關係，可容易且清楚地劃分，非洲獨立之風所到之地無不造成殖民者敗退，世紀版圖也為之大變。南非則不同，因執政的阿非利加人也曾被英國殖民，讓他們更覺得自己是「白色的非洲人」，這也是直到了 1994 年，民主與非種族的南非才能建立的原因之一。

第四節　南非與臺灣的民主轉型以及兩國外交處境之異同

　　研究民主與民主化的丹麥學者史羅森 (Georg Sorensen, 1948–) 認為，民主轉型很少是因為站在威權統治背後的菁英被完全打敗，而且大多數民主轉型的成功案例，都是與原來的威權體制、統治者談判而來。那為何威權統治者願意接受釋放權力的談判過程？史羅森認為，民主常發端於威權統治者中，當溫和與強硬派聯盟勢力分裂後，溫和派受到國內、外壓力時，將可能基於對民主制度的承諾來換取國際支持，從而在與強硬派競爭時取得上風。而該理論正可說明南非民主轉型的背景。事實上，白人政府之所以願意在 1990 年釋放曼德拉，以及宣布 ANC、PAC 等

反對黨合法化，並開啟民主協商，絕不是因為白人在戰場上輸給了黑人，而是控制不了「少數統治多數」所釀成的無政府狀態，因而被迫與黑人族群妥協。曼德拉也深知此一關鍵因素，故沒有曼德拉便造就不了民主南非，但沒有戴克拉克也成就不了曼德拉。

　　臺灣民主轉型除了與蔣經國總統晚年對時代趨勢的體認，以及接受民主改革的意向，使其繼任者李登輝總統堅定邁向民主的決心有著巨大關係以外，有一點臺灣和南非很不一樣，臺灣是以經濟成長來帶動民主進程，南非經濟卻自波塔總統執政期間（即1980年代起）開始惡化，甚至讓整個國家陷入無政府狀態，迫使戴克拉克總統決心推動民主化。

　　不過臺灣與南非都合於杭廷頓的民主化理論。杭廷頓認為，當威權國家面對合法性衰落時，通常會選擇以下一種或數種方式來因應：⑴拒絕承認合法性衰落，同時希望或相信他們的權力能夠維持下去；⑵採取殘酷鎮壓；⑶選擇去挑起對外戰爭，並試圖以民族主義來恢復合法性；⑷為他們的政權裝扮一些合法性的外衣；⑸威權體制的領導人毅然決然、因勢利導地結束威權統治，導入民主體制。南非與臺灣都曾選擇第四與第五種方式來因應。以臺灣為例，威權時代的國民黨政府曾經先以地方選舉來裝扮民主憲政，但長期拒絕中央民意代表全面改選，不過終究抵擋不了民主浪潮，被迫選擇第五種方式因應。而南非的波塔總統在1980年代初期，試圖以「權力分享但不失去控制」的手段，緩和反種族隔離的浪潮，但終究還是失敗，最後中風下臺，繼任的戴克拉克總統也採取第五種方式因應，大約與臺灣同時間推展民主化。

　　南非因種族隔離政策而聲名狼藉，進而受到國際孤立，加重了反種族隔離浪潮的力道，迫使南非走向民主化，得以重回國際社會。南非在國際上好像一位犯錯的小孩，只要改過自新，國際社會仍會欣然地再次接受它。南非主權可操之在己，但臺灣則不然，臺灣雖大約與南非同時完成民主化，但由於中共認為擁有臺灣主權，於是在國際上運用雄厚的經濟實力，同時發揮在聯合國的影響力，盡全力地孤立臺灣，使得我國雖然民主化多年，且因經濟起飛而享譽國際，但仍然是國際孤兒。期待這僅是臺灣在國際現實下暫時的無奈，而非難以改變的宿命。

第五節　南非種族隔閡真的沒有了嗎？

　　的確，在過去二十多年來，國際社會已意識到南非是下撒哈拉非洲最有影響力的國家，且無庸置疑地，它將繼續扮演非洲大陸重要的經濟角色，以及「非洲聯盟」內部政治和區域維和的重要驅動力量。由於這些因素，使南非被視為新興的權力，並獲得在聯合國安理會 （2007-2008 和 2011-2012）、「二十國集團」(G20) 和「金磚五國論壇」等國際舞臺的入場券。然而當祖瑪執政後，卻使形勢大為扭轉，經濟快速成長的衣索比亞逐漸奪走南非的鎂光燈焦點，同時奈及利亞也取代南非成為非洲最大經濟體。所以，南非企圖成為聯合國安全理事會常任理事國的企圖，無法獲得非洲各國的全體支持。至於其它新興金磚國家，如中、印和巴西已經體認到，他們不需要透過南非，也可以和其它非洲國家

直接發展經濟關係。尤其是祖瑪執政的最後幾年，祖瑪的人格與統治風格離經叛道，南非政治、經濟等面向均蒙上一層陰影。21世紀後，執政的 ANC 政府不僅日漸變得更加獨裁，大開民主發展的倒車，還有日益嚴重的貪腐、高犯罪率、高失業率與愛滋病問題，困擾著這個被譽為「彩虹國家」的民主南非。而南非政經在近年來的迅速惡化，似乎呼應了原白人種族至上主義者認為「黑人無法治理」的偏見。

回顧過去，無論南非的種族隔離制度如何不道德，都不能忽視白人曾在非洲建立了一個頗有成就的國家。南非白人的農場養活了大半南部非洲國家人民，南非工廠、礦場產出十分豐富的產品，而南非的基礎建設非常完善，運轉地有條不紊且富有效率，這都是其它非洲國家所難以達成的成就。今日 ANC 執政荒腔走板，導致大量白人人口外移，同時意味著一些具有特殊知識或技術，如醫生、工程師、教授、會計人員、熟練技工等專家的外移。如 1994 年以後，有近百萬的白人遷出南非，再根據 1996 年的南非人口統計，白人族群僅占總人口的 14.2%，1999 年更下滑至 10.9%。而 2011 與 2016 年的人口普查，白人人口比例降到歷史新低（參考表 6）。這些留在南非的白人族群，大多是無錢、無特殊技術，沒有能力移民歐美的一般農民，或是中下層中產階級與貧窮階級。

ANC 連續二十三年的一黨獨大，讓它顯得傲慢，又因缺乏強而有力的監督，使它愈加貪汙腐化。ANC 的支持率在 1999 年大選達到最高峰，之後雖在 2008 年分裂，但仍未撼動其一黨獨大的

表 6：南非 2011 年與 2016 年人口統計中有關各族人口增減情形

種族團體	2011 年普查	總人口百分比	2016 年普查	總人口百分比	人口增減比
黑人	41,000,938	79.2%	44,891,603	80.6%	9.5%
有色人種	4,615,401	8.9%	4,869,526	8.8%	5.5%
白人	4,586,838	8.9%	4,516,691	8.1%	−1.5%
印度裔與其它亞裔	1,286,930	2.5%	1,375,834	2.5%	6.9%
其它	280,454	0.5%	–	–	–
總數	51,770,560	100%	55,653,654	100%	7.5%

基本盤，甚至是飽受爭議的祖瑪政府在 2014 年大選中，仍獲得超過 60% 以上的支持率。祖瑪第二任總統任內，雖爭議不斷，使 ANC 在 2016 年 8 月的地方選舉得票數創歷史新低，遭遇歷史性慘敗，首度被民主聯盟奪去行政首都普利多利亞與伊麗莎白港市的執政權，可視為選民給 ANC 的教訓❶。但是南非中央政府如欲達成純熟民主素養的政黨輪替，或至少是聯合政府，恐怕還有很長的一段路要走。

再者，1994 年的南非民主轉型過程，雖曾歷經險阻，但終究以和平手段移轉政權，前所擔心的內戰並沒有發生，黑人順利從白人手中取得政權。但是在民主南非誕生二十多年後的今日，南

---

❶ 民主南非首度地方政府選舉在 1995 年 11 月舉行。當時有五百三十萬選民參與投票，總投票率為 51.37%，ANC 總共獲得 66.37% 的選票。

非仍有為數眾多的黑人生活在貧窮線以下。

　　南非很幸運地在 1994 年民主轉型成功，沒有變成另外一個分裂內戰的南斯拉夫，但是歷史並無法保證，不斷走下坡的南非，在若干年後是否會變成另外一個辛巴威。種族隔離時代的南非的確獨領非洲風騷，也讓白人在非洲過著歐洲上層社會的生活，但這何嘗不是以對廣大黑人勞力的剝削，讓他們過著底層生活為代價。歷史常是看似清楚又不易理清的「一本糊塗帳」，如果沒有任何同理心，彼此將難以取得諒解，更談不上團結與合作。

South Africa

附　錄

大事年表

西元

前 10 世紀　桑人已定居在南非西部、西北部

3、4 世紀　班圖人開始向南遷徙

1488 年　葡萄牙航海家狄亞士登陸好望角

1498 年　葡萄牙航海家達伽瑪開闢經好望角、前往印度的新航路

1652 年　荷蘭人郝利皮克率眾定居南非開普地區,建立永久據點

1779 年　歐洲移民與科薩人爆發戰爭

1795 年　英國首度占領開普殖民地

1803 年　英國歸還開普殖民地予巴達維亞共和國(荷蘭)

1806 年　英國再度正式占領開普殖民地

1828 年　英屬開普殖民地宣布廢止「賀坦都人印記」,頒布《第 50 號法令》,逐漸改善有色人種、黑人族群的地位

1833 年　英國宣布「解放所有英國殖民地奴隸」,危及布爾人的利益

1836 年　「布爾人大遷徙」開始

1838 年　2 月,祖魯人攻擊布爾人據點,史稱 「威恩屠殺」;12 月,爆發血河之役,布爾人擊敗祖魯人

1839 年　布爾人建立「納塔利亞共和國」

1843 年　英國併吞「納塔利亞共和國」為「納塔爾殖民地」

1852 年　英、布簽訂《沙河條約》,布爾人建立川斯華共和國

1854 年	英、布簽訂《布雷封登條約》，布爾人建立橘自由邦
1867 年	金百利發現鑽石礦
1877 年	英國併吞川斯華共和國，建立「川斯華殖民地」
1879 年	英國在祖魯戰爭中取勝，消滅祖魯王國
1880 年	12 月，第一次布爾戰爭爆發，英國戰敗，川斯華共和國於隔年再度獨立
1886 年	約翰尼斯堡發現金礦
1899 年	第二次布爾戰爭爆發，持續至 1902 年結束，英國戰勝並併吞川斯華共和國、橘自由邦
1910 年	5 月，南非聯邦成立，但未與黑人族群協商而將其貶為二等國民，同時開始研擬與頒布「種族分離法律」
1912 年	「非洲民族議會」（以下簡稱 ANC）的前身「南非原住民民族議會」成立
1913 年	《原住民土地法》通過，使占絕大多數的黑人族群，只能擁有全國 7.3% 的土地
1918 年	曼德拉誕生於川斯凱的庫奴村
1919 年	爆發大規模罷工
1923 年	南非原住民族議會更名為非洲民族議會
1938 年	曼德拉就讀黑爾堡的南非原住民學院（今黑爾堡大學）
1941 年	曼德拉領導學生抗議不公，遭學校強制休學，他轉往約堡而結識席蘇魯，並經席蘇魯介紹加入 ANC
1944 年	ANC 的附隨組織，「非洲民族議會青年團」成立，曼德拉被推選為執行委員會委員
1948 年	阿非利加人政黨「國民黨」大選獲勝，逐步建立「種族隔離制度」

1949 年	ANC 接受青年團的行動方案，將採用和平抗爭的方式，抗議黑白不公
1950 年	確立黑、白分離的兩個主要法律《人口登記法》、《團體區域法》通過；《共產主義壓制法》通過，共產黨被視為非法組織
1955 年	「人民議會」在約堡召開，有三千名代表與會並催生《自由憲章》
1956 年	一百五十六名催生《自由憲章》的「人民議會」參與者被控叛國罪，纏訟整整四年半後，最後均獲判無罪
1958 年	「泛非洲人民議會」（以下簡稱 PAC）成立
1960 年	「夏弗屠殺事件」爆發，南非政府首度發布「國家緊急狀態」；ANC 與 PAC 同時被禁，活動轉為地下化
1961 年	ANC 外圍軍事組織——民族之矛由曼德拉籌組成立
1962 年	7 月，曼德拉因策畫民族之矛反抗行動而被捕，被判處五年徒刑；11 月，聯合國開始對南非進行經濟制裁
1964 年	6 月，曼德拉被改判無期徒刑
1976 年	4 月，與中華民國建立大使層級外交關係；6 月，「索威托事件」爆發
1983 年	聯合民主陣線成立
1985 年	2 月，波塔總統想釋放曼德拉，以換取他放棄武力革命，遭曼德拉拒絕；7 月，南非第二次進入「國家緊急狀態」
1989 年	9 月，波塔辭去總統職位，戴克拉克繼任；12 月，戴克拉克總統首度會面獄中的曼德拉，商討釋放曼德拉、進行民主改革事宜
1990 年	2 月，戴克拉克宣布釋放曼德拉，並解禁 ANC 等反政府

的政治團體

1991 年	戴克拉克宣布廢除所有種族隔離制度的法律，在法制上廢除種族隔離制度；ANC 與政府同意以多黨協商的方式討論制憲原則；12 月，「民主南非大會」召開
1992 年	3 月，舉辦最後一次的白人選民公投，以 68.7% 支持率同意戴克拉克總統與非白人政治團體協商民主憲法；5 月，ANC 退出「民主南非大會」，民主協商陷僵局；9 月，發生「比索殺戮」事件；12 月，ANC 與國民黨達成協議，重啟民主協商
1993 年	4 月，「多黨協商議會」召開，確定於明年 4 月 27 日舉辦首度民主大選；10 月，曼德拉與戴克拉克同時獲得諾貝爾和平獎；12 月，主導南非民主轉型的「過渡行政委員會」開始運作
1994 年	4 月，首度民主大選由 ANC 大獲全勝；5 月，曼德拉就任首位民主南非總統，彩虹國家誕生；9 月，提出《重建與發展計畫白皮書》
1995 年	6 月，南非主辦「世界盃橄欖球錦標賽」，南非代表隊獲得世界冠軍；11 月，成立「真相與和解委員會」，主持轉型正義工作
1996 年	曼德拉逐步淡出政壇，副總統姆貝基掌握實權；12 月，《1996 年憲法》正式通過
1997 年	4 月，副總統姆貝基出席美國「涉非企業委員會」，在會上首次提出「非洲復興」的概念；11 月，曼德拉宣布次年將與中華民國斷交，並與中共建交
1998 年	12 月，國民黨更名為新國民黨

1999 年	4 月，ANC 再度贏得民主大選，姆貝基為第二位民主南非總統
2001 年	戴克拉克前妻於開普敦被殺身亡，享年六十四歲，足證南非治安極度惡化
2004 年	4 月，ANC 第三度贏得民主大選，姆貝基連任總統
2005 年	6 月，副總統祖瑪因涉嫌強暴婦女、貪汙等醜聞，遭姆貝基解職並展開司法調查。新國民黨解散
2007 年	12 月，祖瑪擊敗姆貝基，擔任 ANC 新一任黨主席
2008 年	9 月，祖瑪的司法案件經法院判決無罪，姆貝基於同月辭去總統
2009 年	4 月，ANC 第四度贏得民主大選，祖瑪成為第三位民主南非總統
2010 年	6 月，南非舉辦「世界盃足球賽」
2013 年	12 月，曼德拉逝世
2014 年	ANC 大選再度獲勝，祖瑪連任，然醜聞依舊不止，南非經濟持續不振
2017 年	10 月，媒體再度揭露祖瑪貪汙醜聞；12 月，副總統諾瑪弗沙當選 ANC 主席，主導 ANC 國會議員發起祖瑪罷免案
2018 年	2 月，祖瑪宣布辭職，由諾瑪弗沙暫代總統；4 月，有「南非國母」之稱的曼德拉前妻溫妮病逝

參考書目

「中華民國駐南非共和國大使館傳真電報：第 354 號」，1995 年 7 月 6 日。

王泰平（主編），《中華人民共和國外交史：第三卷 (1970–1978)》，北京：世界知識，1999。

王曾才、陳鴻瑜（總監修），《新編圖說世界歷史（第一冊）：古文明的盛衰》，臺北：光復書局，2002。

《新編圖說世界歷史（第五冊）：民主思潮的興盛》，臺北：光復書局，2002。

《新編圖說世界歷史（第八冊）：第一、二次世界大戰》，臺北：光復書局，2002。

《新編圖說世界歷史（第九冊）：戰後均勢與當前世局》，臺北：光復書局，2002。

史羅森 (Georg Sorensen) [著]，黃德福 （主譯），《民主與民主化 (Democracy and Democratization)》，臺北：韋伯文化，1998。

尼爾‧弗格森 (Niall Ferguson) [著]，睿容（譯），《帝國：大英帝國世界秩序的興衰以及給世界強權的啟示 (Empire: The Rise and Demise of the British World Order and the Lessons for Global)》，臺北：廣場，2015。

希靈頓 (Kevin Shillington) [著]，蔡百銓（譯），《非洲通史 (History of Africa)》，臺北：國立編譯館，1995。

李筱峰，〈從曼德拉說到蔡英文〉，《自由時報》，2016 年 4 月 29 日，第 A-19 版。

季辛吉（著），林添貴、顧淑馨（譯），《大外交（下）(Diplomacy)》，臺北：智庫，1998。

約翰‧維爾 (John Vail) [著]，朱菊初（譯），《曼德拉夫婦 (Nelson and Winnie Mandela)》，臺北：鹿橋文化，1995。

徐同申，〈回歸國際社會後的新南非〉，《輸出入金融雙月刊》，第 93 期（臺北，2001.04），頁 48–76。

孫紅旗，〈阿非利加人的土地觀念〉，《西亞非洲》，第 173 期（北京，2007.09），頁 29–34。

郭方（主編），《新航路的征服與強權擴張》，新北市：草原文創，2016。

屠圖（著），江紅（譯），《沒有寬恕就沒有未來：彩虹之國的和解與重建之路 (No Future Without Forgiveness)》，臺北：左岸，2013。

陳啟懋（編著），《中國對外關係》，臺北：吉虹，2000。

夏仲成，《亞非雄風——團結合作的亞非會議》，北京：世界知識，1998。

張如倫，〈改變中的南非國防軍事戰略〉，《國防雜誌》，第 31 卷第 1 期（臺北，1997.07），頁 38–52。

陸以正，《微臣無力可回天》，臺北：天下文化，2002。

彭巴理 (John Pampallis) [著]，蔡百銓（譯），《南非現代史 (Foundations of the New South Africa)》，臺北：國立編譯館，1997。

黃德祥，〈南非中等教育的發展與挑戰〉，《教育資料集刊》，第 42 輯（臺北，2009），頁 323–341。

楊立華、葛傑（等著），《正在發生劃時代變革的國度：南非政治經濟

的發展》，北京：中國社會科學院，1994。

楊立華，《曼德拉——南非民族團結之父》，長春：長春出版社，1995。

廖顯謨，〈重點：反抗者的韌性：對於媒體歌頌曼德拉的另類觀點〉，
《自由時報》，2013 年 12 月 8 日，第 A-13 版。

廖顯謨，〈南非歷險記〉，《中國時報》，1994 年 1 月 18 日，第 34 版。

廖顯謨，〈後種族隔離時代南非「中國承認」之外交決策分析〉，臺北：
中國文化大學政治學研究所博士論文，2004。

廖顯謨，〈南非右翼白人之獨立運動〉，《自立早報》，1994 年 2 月 7
日。

廖顯謨，〈南非憲法語言政策變遷與發展〉，《臺灣國際研究季刊》，第
10 卷第 2 期（臺北，2014.06），頁 177–206。

諾亞（著），胡培菱（譯），《以母之名：她教我用幽默與微笑對抗世界
(*Born a Crime: Stories from a South African Childhood*)》，臺北：遠
流，2017。

劉中偉，〈理解祖瑪與南非政治之佳作〉，《西亞非洲》，第 219 期（北
京，2011.07），頁 153–160。

鄭家馨，《南非史》，北京：北京大學出版社，2010。

鍾偉雲，〈姆貝基非洲復興思想內涵〉，《西亞非洲》，第 135 期（北京，
2002.04），頁 14–17。

韓廷頓（著），葉明德（譯），《第三波 (*The Third Wave*)》，臺北：五
南，1994。

嚴震生，〈真相委員會與轉型正義〉，《校園》，2006 年 11–12 月號（臺
北，2006.12），頁 39–43。

Albert Venter. *South African Government and Politics*, Johannesburg:
Southern Book, 1989.

Alex Duval Smith. "Car Chief Shot Dead in Johannesburg," *Independent* (UK), 1999.04, http://www.independent.co.uk/

Alexander, Neville. "Language Policy and Planning in the New South Africa", *Africa Sociological Review*, 1:1 (1997), pp. 82–92.

ANC. *Development and Democracy: The ANC Policy Guidelines*, Johannesburg: Development Strategy and Policy Unit of Urban Foundation, 1992.

Arnold, Guy. *The New South Africa*, London: Macmillan Press, 2000.

Aron Janine, Brian Kahn and Geeta Kingdon, eds. *South African Economic Policy under Democracy*, Oxford: Oxford University Press, 2009.

Ashforth Adam. *The Politics of Official Discourse in Twentieth-Century South Africa*, New York: Oxford University Press, 1990.

Barber James and John Barratt. *South Africa's Foreign Policy*, Johannesburg: Cambridge University Press, 1990.

Beck, Roger. *The History of South Africa*, Westport: Greenwood Press, 2000.

The History of South Africa, Santa Barbara: Greenwood Press, 2014.

Berger Iris. *South Africa in World History*, New York: Oxford University Press, 2009.

Bissell Richard and Chester A. Crocker, eds. *South Africa into 1980s*, Colorade: Westview Press, 1979.

Brock-Utne Birgit and Halla B. Holmarsdottir. "Language Policies and Practices in Tanzania and South Africa: Problems and Challenges," *International Journal of Educational Development*, No. 24 (2004), pp.

67–83.

Bureau for Information. *SA Profile*, Cape Town: CPT Book Printers, 1991.

Butler Anthony M. *Contemporary South Africa*, New York: Palgrave Macmillan, 2009.

Cottrell C. Robert. *South Africa: A State of Apartheid*, Philadelphia: Chelsea House, 2005.

Crais Clifton and Thomas V. McClendon, eds. *The South Africa Reader: History, Culture, Politics*, London: Duke University Press, 2014.

Davenport T. R. H. and Christopher Saunder. *South Africa: A Modern History*, London: Macmillan Press Ltd., 2000.

Davies Robert. "The Fight of the Little Tiger: The State's Response to Sanctions," in Mark Orkin, ed. *Sanctions against Apartheid*, Cape Town: David Philip, 1989.

Department of Foreign Affairs. "South African Foreign Policy Discussion Document," *The South African Journal of International Affairs*, 4:1 (1996), pp. 157–200.

de Klerk Willem, *F. W. de Klerk: The Man in His Time*, Parklands: Jonathan Ball Publishers, 1991.

de Kock W. J. *History of South Africa*, Pretoria: Heer Printing, 1971.

de Villiers J. W., Roger Jardine, Mitchell Reiss. "Why South Africa Gave up the Bomb," *Foreign Affairs*, 72:5 (1993), pp. 98–109.

Epstein Daniel. "Leading the Long Journey: The Future of the African National Congress," *Harvard International Review*, Spring 2015, pp. 10–11.

Fage J. D. A. *History of Africa*, London: Hutchinson, 1978.

Fieldhouse D. K. *The Colonial Empires*, London: Macmillan Education, 1982.

Findley Cater Vaughn & John Alexander Murray Rothney. *Twentieth-Century World*, Boston: Houghton Mifflin, 1990.

Geldenhugs D. *Isolated States: A Comparative Analysis*, New York: Cambridge University Press, 1990.

Giliomee, Hermann and Lawrence Schlemmer. *From Apartheid to Nation-Building*, Cape Town: Oxford University Press, 1989.

Giliomee, Hermann. *The Parting of the Ways: South African Politics*, Cape Town: David Philip, 1982.

Grego A. James. *Radical Ideologies*, New York: Random House, 1968.

Grobler Jackie. *A Decisive Clash: A Short History of Black Protest Politics in South Africa, 1875–1976*, Pretoria: Acacia Books, 1988.

Grutter Wilhelm and D. J. van Zyl. *The Story of South Africa*, Cape Town: Human & Roussean, 1981.

Gutteridge William. "South Africa: Potential of Mbeki's Presidency," *Conflict Studies*, 319/320 (1999), pp. 1–36.

Hammett Daniel. "Zapiro and Zuma: A Symptom of an Emerging Constitutional Crisis in South Africa," *Political Geography*, No. 29 (2010), pp. 88–96.

Hanlon Joseph, ed. *South Africa: The Sanction Report*, London: Marlborough House, 1990.

Harvey Robert. *The Fall of Apartheid*, New York: Palgrave Press, 2001.

Harvey T. *SA 2000–01: South Africa at a Glance*, Craighall: Editors Inc., 2000.

SA 2003−4: South Africa at a Glance, Craighall: Editors Inc., 2003.

Hawthorne Peter. "A Grate Political Trek," *Time*, 153:11 (1999), p. 58.

Hayden Erika Check, "South African University Awash in Political Turmoil," (News in Focus), *Nature*, Vol. 535 (2016), pp. 207−208.

Hoile David, *Understanding Sanctions*, London: International Freedom Foundation, 1988.

Huntington Samuel P. "Will More Countries Become Democracy?" *Political Science Quarterly*, 99:2 (1984), pp. 193−218.

Kane-Berman J. *South Africa's Silent Revolution*, Johannesburg: Southern Book, 1990.

Kim Ann Zimmermann. "Olduvai Gorge: Oldest Evidence of Mankind's Evolution," *Live Science*, October 16 (2013), http://www.livescience.com/40455-olduvai-gorge.html

Larkin Bruce D. *China and Africa: 1949−1970*, Berkeley: University of California Press, 1971.

Lee Robin and Lawrence Schlemmer, eds. *Transition to Democracy Policy Perspectives*, Cape Town: Oxford University Press, 1991.

Lin Song-Huann. "The Relations between the Republic of China and the South Africa, 1948−1998," Ph.D. diss., University of Pretoria, 2001.

Lynnette Johns. "We Are All Settlers in SA," http://www.iol.co.za/news/south-africa/we-are-all-settlers-in-sa-366860

Macozoma S. "Interim Constitution: Not Too Detailed," *Barometer*, 4:5 (1992), pp. 8−9.

Maharaj Davan and Lili Dizon. "U.S. Student Killed by a Mob in South Africa," *Los Angeles Times*, August 26 (1993), http://articles.latimes.com/1993-08-26/news/mn-28198_1_south-africa

Makhosezwe Bernard. "The African Renaissance in Historical Perspective," in Malegapuru William Makgoba, ed. *African Renaissance*, Cape Town: Mafube Publishing Limited, 1999.

Mandela Nelson. *Long Walk to Freedom*, London: Nelson Mandela Press, 1995.

Mandela Nelson. "South Africa's Future Foreign Policy," *Foreign Affairs*, 72:5 (1993), pp. 86–97.

"Mandela Visit Troubled Natal to Meet Zulu King," *China News* (Taiwan), March 17, 1994.

Manning R. A., "The Third Worlds Looks at China," L. C. Harris & R. L. Warden, eds. *China and the Third World: Champion or Challenger?*, Dover: Auburn House Publishing Company, 1986, pp. 39–155.

Marais D. *Constitutional Development of South Africa*, Johannesburg: Southern Book, 1987.

Martin Roberts. *South Africa 1948–94: The Rise and Fall of Apartheid*, London: Peason Education Limited, 2001.

Mason David. *A Traveller's History of South Africa*, New York: Interlink Books, 2004.

Maylam Paul. *A History of the African People of South Africa: From the Early Iron Age to the 1970s*, Claremont: David Philip, 1986.

Mbeki Moeletsi and Nobantu Mbeki. *A Manifesto for Social Change: How to Save South Africa*, Johannesburg: Picador Africa, 2016.

Mereoith Martin. *Diamonds, Gold and War*, New York: Public Affair, 2007.

Michaels Jeremy. "SA Ready for Security Council Seat," *Saturday Argus*, September 25 (2004), p. 2.

Mills Greg. "SA Foreign Policy after Mandela," in *SA Yearbook of International Affairs, 1999/2000*, Johannesburg: SAIIA Press, 1999, pp. 379–382.

Muller CFJ, ed. *500 Years: A History of South Africa*, Pretoria: National Book Printers, 1980.

Nicholson Michael. *Mahatma Gandhi*, Watford: Exley Publication, 1987.

Norval M. *Inside the ANC: The Evolution of a Terrorist Organization*, Washington D.C.: Selous Foundation Press, 1990.

Nussey Wilfred. *South Africa: A Wonderful Land*, Johannesburg: CAN Press, 1967.

Oakes Dougie, ed. *Illustrated History of South Africa*, New York: The Reader's Digest Association, 1988.

Omer-Cooper J. D. *History of Southern Africa*, London: James Carrey, 1989.

Pakenham, Thomas. *The Boer War*, Johannesburg: Jonathan Ball Paperbacks, 1979.

Parker Frank J. *South Africa: Lost Opportunities*, Massachusetts: Health and Company, 1983.

Pogrund Benjamin, ed. *Nelson Mandela: The South African Leader Who Was Imprisoned for Twenty-Seven Years for Fighting against Apartheid*, Exley Publication, 1991.

Price Robert M. *The Apartheid State in Crisis: Political Transformation in South Africa: 1975–1990*, New York: Oxford University Press, 1991.

Rhoodie Eschel. *P. W. Potha: The Last Betrayal*, Melville: S. A. Politics, 1989.

Ross Robert. *A Concise History of South Africa*. Cambridge: Cambridge University, 1999.

Russell Alec. *After Mandela*. London: Hutchinson, 2009.

Scholtz, J. J. J. *Fighter and Reformer: Extracts from the Speeches of P. W. Botha*, Pretoria: Promedia Publications, 1989.

Seiler John, ed. *Southern Africa Since the Portuguese Coup*, Boulder: Westview Press, 1980.

Serrill Michael S. "Pretoria Comes Clean," *Time*, 141:14 (1993), 24.

Sono Themba. *Lesson from Taiwan for South Africa*, Pretoria: HSRC Publishers, 1994.

South Africa Yearbook 2013/14, Pretoria: Government Communication and Information System, 2014.

South Africa Yearbook 1999, Pretoria: Government Communication and Information System, 2000.

South Africa 1984: Official Yearbook, Johannesburg: Christ van Rensburg Publications, 1985.

South Africa Yearbook 2015/16, Pretoria: Government Communication and Information System, 2016.

Standard Bank. *An Economic Profile of South Africa 2001*, Johannesburg: Standard Bank, 2002.

Stremlau John. "Ending Africa's War," *Foreign Affairs*, 79:4 (2002), pp. 117–132.

Stuart B. Kriel, "Slams MK as 'Criminals' ", *The Citizen*, March 30

(1993).

Swilling Mark and Johannes Rantete. "Organization and Strategies of the Major Resistance Movements in the Negotiation Era," in Robin Lee and Lawrence Schlemmer, eds. *Transition to Democracy Policy Perspectives*, Cape Town: Oxford University Press, 1991, pp. 199–221.

"The UN and Apartheid: A Chronology" in *UN Chronicle*, Vol. 31 (Sep. 1994), pp. 9–14.

The Bureau for Information. 1990. *Address by the State President, Mr. F. W. de Klerk, DMS, at the Opening of the Second Session of the Ninth Parliament of the RSA* (Feb. 2, 1990). Pretoria: The Bureau for Information.

The Bureau for Information. *South African Profile*, Pretoria: The Bureau for Information, 1991.

Thompson Cathy. "AWB Has the Power to Get Volkstaat," *The Citizen* (South Africa), Oct. 11 (1993).

Thompson Leonard. *A History of South Africa*, New Haven: Yale University Press, 2014.

The Story of South Africa, Pretoria: South Africa Tourist Corporation, 1966.

van Staden Gary. "I Started AWB out of Love Not Hate—Terre'Blanche," *Pretoria News*, June 5, 1986, Page: unknown.

van Vuuren D. J., N. E. Wiehahn, J. A. Lombard and N. J. Rhoodie, eds. *South Africa: A Plural Society in Transition*, Durban: Butterworths, 1985.

van Wyk K. "Foreign Policy Orientation of the P. W. Botha Regime:

Changing Perceptions of State Elites," in *Journal of Contemporary African Studies*, 10:1 (1991), pp. 45–65.

van Zyl Slabbert F. *The Quest for Democracy*, Johannesburg: Penguin Books, 1992.

Venter Albert. *South African Government and Politics*, Johannesburg: Southern Book, 1989.

Walentek Dawid. "South African Politics after the Mangaung Conference," *The Polish Quarterly of International Affairs*, No. 3 (2015), pp. 91–105.

Watson Wendy. *Brick by Brick: An Informal Guide to the History of South Africa*, Claremont: New Africa Books, 2007.

Welsh D. "Nevers of Steel: A Promising of Consensus as Vital Negotiations Begin," *Finance Week*, Vol. 52 (1992), pp. 15–18.

圖片出處：

3、5、13、14、16、17、19、20、21、22、23、24、25、26 右、28、29、31、35、36、37、40：Wikipedia

4、6、7、15、18、27、32、41：編輯部繪製

8、9、10、11、12：Shutterstock

33、38、43：AP Images

39：Reuters

1：José Braga、Didier Descouens，CC BY-SA 4.0

2：Lee Roger Berger research team，CC BY 4.0

26 左：Fornax、SuzukiAuto，CC BY-SA 3.0

30：Guinnog，CC BY-SA 3.0

委內瑞拉史——美洲革命的搖籃

委內瑞拉在多變的歷史中,形成融合美洲、歐洲、非洲的多元文化,值得您一探究竟。無論是由各洲風味組合而成的國民美食「芭蕉粽」或是來自西班牙的舞鬼節,都展現委內瑞拉豐富多彩的文化內涵。準備好了嗎?翻開書頁,來一趟委內瑞拉的深度旅行吧!

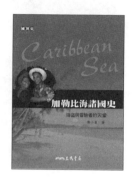

加勒比海諸國史——海盜與冒險者的天堂

頭戴三角帽,身穿外套皮靴,或是包著頭巾,穿著襯衫、打著赤腳,他們是惡名昭彰的加勒比海海盜!歡迎一同體驗充滿刺激浪漫的海盜天堂!

法國史——自由與浪漫的激情演繹

法國,她優雅高貴的身影總是令世人著迷,她從西歐小國逐漸成長茁壯,締造出日後舉足輕重的地位。在瑰麗的羅浮宮、不可一世的拿破崙之外,更擁有足以影響世界的歷史與文化成就。

希臘史——歐洲文明的起源

提起希臘,無論聯想到的是湛藍的藍天、海洋,以及綴其間的白屋,或是璀璨的古希臘文明,和遺留至今神殿雕塑,她永如地中海的珍珠,綻放耀眼的光彩,人神往。